회복적 정의는 철학이고 세계관이다. 전 세계 다양한 사람, 특히 토착민들의 종교적, 영적 전통에서 회복적 정의의 뿌리를 발견할 수 있다.

회복적 정의에는 많은 정의定義가 있지만, 회복적 정의의 진정한 힘은 그런 정의를 넘어선다. 잃어 버렸다고 느끼는 무엇인가를 회복하려고 시도하면서 겪는 과정에 회복적 정의의 힘이 있다. 회복을 향해 여럿이 함께 갈 때, 사람들은 개인적이거나 관계적인 변화를 경험한다. 효과적인 회복적 절차를 따라가면, 각자의 피해와 필요, 자신의 역할과 책임, 서로에 대한 연결 등을 바라보는 구성원들의 시각이 달라질 수 있다.

노인을 위한 회복적 정의

고령화 시대 노인문제의 해결방안을 찾다

쥴리 프리센, 웬디 멕

김 가 연 옮김

정의와 평화 실천 시리즈
노인을 위한 회복적 정의

지은이	쥴리 프리센, 웬디 멕
옮긴이	김가연
초판	2021년 3월 29일

펴낸이	배용하
책임편집	배용하
등록	제364-2008-000013호
펴낸곳	도서출판 대장간
	www.daejanggan.org
등록한곳	충남 논산시 매죽헌로 1176번길 8-54, 101호
대표전화	전화 041-742-1424 전송 0303-0959-1424
분류	회복적정의	교육학	학교
ISBN	978-89-7071-553-7 13330

이 책은 한국어판 저작권은 Skyhorse Publishing과 단독 계약한 도서출판 대장간에 있습니다.
기록된 형태의 허락 없이는 무단 전재와 복제를 금합니다.

값 9,000원

차례

1부

노인과 함께하는 회복적 정의의 토대

1장. 서론

우리 가족은 누가 부모를 모실지 어떻게 결정할까?

부모님을 언제 장기 요양원으로 모실까?

그냥 너무 힘들어서 더는 엄마와 살 수 없을 것 같은데 어떡하지?

왜 내 아이들은 내가 살 곳을 놓고 싸울까?

왜 아들은 내 돈을 가져갈까?

이는 북미와 전 세계의 인구가 고령화됨에 따라 많은 노인과 그들의 가족 및 지역 사회에서 점점 많이 제기되고 있는 질문들이다. 인구 데이터를 논의하다보면 비극적인 단어들이 등장한다. 유지 불가능한 의료 비용, 연금 기금 고갈, 재택 간호와 장기 계약 주택의 위기 등이다. 확실히 노인과 가족, 공동체에 만만치 않은 부담이 존재한다.

하지만, 올바로 대응한다면 이러한 압력은 더 나은 관계와 건강한 지역 사회를 위한 기회가 된다. 우리는 회복적 정의 원칙에 기반한 접근 방식이 이러한 어려움을 느끼는 개인, 가족 및 지역 사회를 전반적으로 풍부하게 지원할 것이라고 믿는다.

이 책은 노인과 관련된 갈등 및 학대 상황에 대응하기 위한 회복적 정의 사용 사례를 살펴본다. 회복적 정의는 노인, 가족, 간병인이나 그 외 관련인들의 삶에 존재하는 갈등과 학대 해결에 유용한 안전하고 정중한 절차다. 회복적 대화와 같은 회복적 정의 실천은 노인과 그 가족이 함께 앞으로 나가기 위해 건설적이고 안전한 대화를 나누는 데 도움이 될 수 있다.

우리의 여정

우리는 캐나다 온타리오 워털루 지역의 '공동체정의이니셔티브' CJI, Community Justice Initiatives :이하 CJI에서 일하고 있다. CJI는 피해자-범죄자 중재 프로그램을 처음 시작하여 세계에 알려진 비영리 단체다. 역사적으로 CJI는, 새로운 상황에 회복적 정의 원칙을 창의적이고 혁신적으로 적용하여 지역 사회의 요구에 지속적으로 대응해 왔다. CJI의 프로그램 중 하나인 노인 중재 서비스EMS, Elder Mediation Service는 갈등, 범죄 또는 학대를 경험한 노인들을 대상으로 한다.

CJI는 2000년대 초에 노인 학대 의심 상황에 전문적으로 개입하는 공동체 케어 액세스 센터CCAC, Community Care Access Centre의 간호사이자 사회복지사인 알린 그로Arlene Groh와 회복적 정의 프로그램 기획에 함께했다. 알린의 경험 덕분에 CJI와 기타 공동체 파트너가 연결되어 고령 인구와 함께 일할 수 있는 혁신적인 방법을 찾을 수 있었다.

알린은 많은 노인 학대 및 갈등 상황에서 형사 고발이 불가능했거나 적절하지 않았다는 사실을 발견했다. 노인들이 경찰에 신고하지 않은 데는 복잡한 이유가 있었다. 대부분의 상황은 갈등이 있는 과거의 관계 경험에서 비롯되었다. 이용당했거나 학대받은 관계에서도 대부분의 노인들은 관계 상실에 대한 두려움 때문에 사법제도에 참여하기를 원하지 않았다. 노인은 도움을 받기 위해 자신을 해치는 사람에게 의존했을 수 있다. 그들은 그 사람종종 가족을 사랑했을 것이고, 그들이 '곤란해지는' 것을 원하지 않았을 것이다. 또한 일부는 보복을 두려워했다.

알린은 노인들에게 줄 수 있는 선택지가 제한되어 있다는 불만 때문에 이러한 상황을 해결하고 예방할 수 있는 다른 방법을 모색했다. 그는 회복적 정의에 관심이 있었다. 그러나 특별히 노인과 관련된 갈등과 학대에 대응하기 위해 회복적 정의를 사용하는 프로젝트는 찾지 못했다.

결과적으로 알린은 노인 학대에 대응하는 회복적 정의 절차를 만들기 위해 노인, 관심있는 공동체 구성원, 민족 문화 공동체 리더, 노인 및 CJI 서비스를 제공하는 기관을 포함하는 협업 절차를 조직했다. 알린의 비전은 '노인 유린 및 학대에 대한 회복적 정의 접근 프로젝트restorative justice Approaches to Elder Abuse and Mistreatment Project'로 이어졌다. 이 프로젝트는 노인 학대를 해결하기 위한 방법으로 회복적 정의를 시범적으로 도입했다. 회복적 정의 서비스는 CJI에서 제공했다. 이 프로젝트를 통해 성공과 도전 그리고 많은 기회를 경험했으며, 최종 보고서를 통해 공동체가 이제 노인 학대 상황에 더 잘 대응할 수 있게 되었음을 확인했다.[1]

2004년에 시범 프로젝트가 종료되었을 때, CJI는 공동체 중재 서비스CMS 프로그램 관리하에 노인을 위한 회복적 정의 서비스를 계속 운영했다. 노인에 특화된 서비스에 대한 수요가 계속 증가함에 따라, CJI는 특히 노인 학대 및 갈등 상황에 대응하기 위해 회복적 정의 접근법을 사용하는 새로운 전문 프로그램인 노인 중재 서비스EMS,Elder Mediation Service를 만들기 위한 자금을 유치했다.

- 관계는
- 바뀔 수 있다!

CJI의 노인 중재 서비스에서 직원과 자원 봉사자들은 노인 및 지원 네트워크팀과 학대 및 기타 매우 복잡한 갈등 상황에 대해 매일 논의한다. 우리는 가족 관계의 상실로 인해 고립되고 상심한 채 말년을 보내고 있는 사람들과 지속적으로 만나고 있고, 관계를 회복하고 사회적 고립을 줄이기 위해 사람들을 다시 연결하는 것의 중요성을 이해하고 있다. 우리가 하는 일의 결과를 보며, 우리는 학대가 충분히 해결되고 갈등이 해결되었을 때 꽃피울 수 있는 안도

감과 기쁨도 알고 있다. 관계는 바뀔 수 있다! 노인 중재 서비스를 통해 우리는 가족이 서로 다시 연결되고 더 강력하고 포용적인 공동체를 구축하도록 도울 것이다.

공동체 정의 이니셔티브의 노인과 함께하는 회복적 정의 작업은 알린 그로의 비전과 열정 덕분이다. 그는 프로젝트 후에 '노인 유린 및 학대에 대한 치유적 접근 방식: 노인 학대 프로젝트의 회복적 정의 접근A Healing Approach to Elder Abuse and Mistreatment: The Restorative Approaches to Elder Abuse Project, 2003'이라는 제목의 초기 프로젝트의 성과에 대한 책을 썼다.

그는 계속해서 전 세계를 여행하며 자신의 작업에 대해 이야기하고 훈련 과정에서 회복적 정의 접근 방식을 모델링하고 있다. 알린의 책은 회복적인 관점에서 노인 갈등, 범죄 및 학대 상황에 접근하는 데 관심이 있는 개인이 반드시 읽어야 할 책이다. www.healingapproaches.com에서 알린 그로와 소통할 수 있다.

이 책에서 다룰 이야기

다음은 각 장의 핵심 아이디어에 대한 설명이다. 노인을 위한 회복적 정의 절차의 기회를 발견하는 여정에 동참해 주시기 바란다.

I부: 노인을 위한 회복적 정의의 기초

2장에서는 회복적 정의의 목표를 확인하고 '이정표signpost'를 설명한다. 어려운 상황 회복적 서클, 중재, 사회 집단 등에서 최선을 다할 수 있도록 돕기 위해 사용하는 다양한 도구를 소개한다. 한계도 이야기한다. 노인들과 회복적 정의 실천을 사용하는 데 있어 주의해야 할 상황들을 다룬다.

3장에서는 회복적 정의 작업에서 공동체를 포함하고 연령차별에 도전하는 것의 중요성을 이야기한다.

4장에서는 노인과 함께 일할 때 발생하는 관련 문제를 설명한다. 회복적 정의를 적용하는 여타 특정 영역예: 학교 또는 성적 학대 생존자들과 함께하는과 마찬가지로, 참여자와 공동체에 맞는 절차를 함께 만들 수 있도록 노인들 고유의 요구를 이해해야 한다.

기본이 되는 처음 네 장 이후, 사례 연구와 구체적인 예시를 통해 회복적 정의와 노인들에 대한 논의를 계속하고자 한다.

II부: 노년층의 회복적 정의 사례 연구

5장에서는 노인 학대의 사례를 살펴본다. 노인 학대를 정의하고 학대 상황에서 회복적 정의를 어떻게 사용할 지 이야기한다. 노인 학대 상황을 설명하고 노인, 가족 및 지역 사회가 회복적 정의 절차를 어떻게 만들지에 대해서도 설명한다. 회복적 정의 관점에서 노인 학대에 접근할 때 얻는 성과와 배움에 대해 이야기한다.

6장에서는 성인 형제 자매가 부모의 삶에 관한 의사 결정에 어려움을 겪는 상황을 설명한다. 회복적 절차가 노인의 자율성을 가장 중요하게 생각하게 된 필요를 설명한다. 또한 회복적 정의 절차가 어떻게 작동했고 이 상황에서 어떤 성과가 있었는지 논의한다.

7장에서는 간병인의 기력 소진과, 이 상황이 회복적 정의 절차에서 어떻게 다뤄졌는지, 그리고 그 성과에 대해 논의한다. 간병인 갈등에 접근할 때 회복적 정의 절차가 어떻게 사용되는지도 논의한다.

8장에서는 주민들 사이에 상당한 갈등이 있는 주택 단지의 공동체 갈등에 대해 설명한다. 여기에서는 주민들이 경미한 갈등을 해결하고 모든 주민들과 협력하여 건물 내에서 공동체 의식을 형성하는 데 사용하면 좋을 '전체 주택 단지' whole housing complex 전략을 설명한다. 이는 우리가 회복적 정의 절차에 공동체를 참여시키는 새로운 방법이다.

9장에서는 사례에서 공통적으로 나타난 주제를 성찰한다. 이러한 주제는 회복적 대응을 우선으로 여기는 고령 친화적 공동체에 대한 방향을 제시한다. 이 비전을 현실로 만드는 방법에 대해 함께 고민하길 제안한다.

노인에게 회복적 정의를 사용하는 이유는 무엇인가?

우리는 회복적 정의 실천이 여러 긍정적 결과로 연결된다는 것을 발견했다. 회복적 정의 절차를 사용하면 노인의 자율성과 의사결정 능력을 존중하면서 노인들이 삶의 갈등과 학대에 대해 이야기할 수 있는 안전한 공간을 만들 수 있다. 이 절차는 책임감을 갖고 '일을 바로잡기' 위해 의미 있고 구체적인 방법을 찾을 수 있는 기회를 준다.

회복적 정의는
노인들 스스로
힘을 갖게 돕는다

회복적 정의 절차는 또한 관계에서 갈등과 학대가 발생하고 그 영향이 가족, 친구 및 공동체 네트워크를 통해 파급된다는 것을 이해하게 만든다. 우리는 노인의 가족과 친구를 포함하여 많은 사람들을 회복적 정의 절차에 참여시킨다. 이러한 과정은 가족이나 친구가 학대를 입거나 심각한 갈등으로 인해 피해를 입더라도 연대감을 중요하게 생각하게 돕는다. 절차는 피해를 회복하고 건강한 방식으로 전진할 수 있는 기회를 제공한다.

우리의 회복적 정의 서비스를 평가하면서, 노인들에게 매우 긍정적이고 실질적인 성과를 발견했다. 그 성과는 다음과 같다.

- 노인들은 안전하고 갈등이 없는 환경에서 생활한다.
- 간병인이나 이웃과 더 건강한 관계를 형성한다.
- 노인 공동체는 노인과 간병인의 요구를 더 잘 인식하게 된다.
- 노인은 자신이 속한 지역 사회와 연결되는 데 도움이 되는 의미 있는 서비스에 접근할 수 있다.
- 참여자는 의사 소통 및 자기 옹호 기술을 향상시킨다.

이 책을 사용하는 방법

이 책은 회복적 정의를 처음 접하고 기본 원칙을 이해하고자 하는 사람들과, 노인들의 필요에 특화된 서비스를 설계하는 데 관심이 있는 회복적 정의 프로그램을 위한 것이다. 또한 필요를 해결할 방법을 찾고 있는 노인들과 그 가족들을 위해 이 책을 썼다.

우리는 여러분이 지역 사회에서 증가하고 있는 노인층의 어려움에 대응하는 데 회복적 정의를 사용하길 바란다. 개별 사례를 통해 삶에서 스트레스와 불행을 야기하는 복잡한 상황을 노인들이 의미 있게 해결하도록 도울 방법을 생각해 보기를 바란다. 또한 갈등과 학대에 대한 개별 상황에 대처할 뿐만 아니라, 노인의 권리가 보존되고 자율성이 존중되는 공동체를 만들기 바란다. 우리는 다른 지역 사회 서비스와 함께 회복적 정의를 사용하면 갈등, 범죄 또는 학대 후의 재연결과 화해를 도움으로써 노인의 고립을 줄일 수 있다고 믿는다. 우리는 어려운 삶의 상황을 견디고 전체 지역 사회에 도움이 될 수 있는 지속적인 관계를 회복적 정의 작업이 구축할 수 있다고 본다.

2장. 회복적 정의

이 장에서는 노인 학대를 다루는 형사 사법 구조에 대해 간략히 다루고, 회복적 정의 접근 방식을 설명하고, 우리가 노인에게 사용하는 회복적 정의 도구와 회복적 정의 전문가의 특성을 설명하고, 회복적 정의 접근 방식을 사용할 때 주의해야하는 상황을 논하는 것으로 마무리 짓고자 한다.

형사 사법 구조와 노인학대

인생의 마지막 순간이 가까워 올수록, 노인들은 신체적 또는 정신적으로 약해지고 다른 사람의 돌봄에 의존하는 경우가 생긴다. 어떤 상황에서는 노인들이 자신의 안전, 복지 및 재정 상황에 대해 겁을 먹을 수도 있다. 때로는 노인 학대 상황에 대응하기 위해 경찰이 출동하기도 한다. 학대를 저질렀던 사람이 유죄 판결을 받은 경우, 형사 법원 제도에 따라 처벌된다. 결과적으로 어떤 경우에는 사법 제도가 노인을 더 이상의 학대에서 보호할 수 있다. 실제로 CJI 안에서 노인, 가족 및 간병인을 지원하기 위해 형사 고발이 진행되어야 할 지 결정하는 경찰 및 사회 복지사로 구성된 지역 노인 학대 대응 팀EART, Elder Abuse Response Team과 협의하고 의견을 얻을 때가 있다.

그러나 경험상 노인들은 대개 학대 경험을 숨기고, 그것이 폭로 된다 해도 경찰에 신고하고 싶지 않아 한다. 왜 그럴까? 가장 일반 적인 대답은 노인이 자신을 학대하는 사람과의 관계를 잃고 싶지 않아 한다는 것이다. 도움을 받기 위해 그 사람에게 의존해야 하거 나, 오히려 그 사람을 돌보고 보호하고자 하기 때문이다.

1장에서 언급했던 알린 그로Arlene Groh는 아들이 어머니의 돈을 훔쳐간다는 것을 알고 있으면서도 경찰에 연락하기를 거부한 재정 적 학대 상황을 회상한다. 알린은 그 가족의 사회 복지사였고 그 어 머니에게 경찰 연락처를 주었다. 그러나 어머니는 아들이 '좋은 사 람이고 자기보다 돈이 더 필요할지 모른다며' 경찰의 개입을 원하 지 않았다. 무엇보다 어머니는 자신을 돌봐주고, 식료품을 사고, 매 주 일요일에 교회에 데려다 줄 아들이 필요했다. 어머니에게 아들 과 그 가족과의 관계는 4만달러 보다 더 중요했다.[2] 물론 노인이 자신에게 피해를 입히는 사람의 보복이 두려워 경찰에 연락하지 않 는 상황도 있다.

사법 제도가 노인들이 경험하는 갈등과 학대를 해결하는 데 최 고의 시스템이 아닐 수 있다는 다른 이유가 있다. 노인 학대에 맞서기 위한 형법이 있긴 하지만, 북미 사법 제도 내에는 노인에 대한 범죄 상황을 기소할 때 어려움을 야기하는 장벽이 있다. 연령차별은 노인들에게 큰 장벽이다. 즉, 노인들은 '기억을 잘 못하고 무능력하기' 때문에 신뢰할 수 없는 증인으로 간주된다. 또한 노인이 증언을 원하지 않거나 건강상의 이유로 증언이 불가할 수 있기 때문에, 노인에게 피해를 준 사람의 유죄 판결에 필요한 증거 수집이 어려울 수 있다.

회복적 정의 절차는 갈등과 피해에 대응하는 다른 방법을 제공하며, 관계의 성장과 긍정적인 변화를 위해 노인이 상황을 해결할 수 있게 돕는다.

회복적 정의란 무엇인가?

회복적 정의는 철학이며 세계관이다. 회복적 정의의 뿌리는 전 세계 많은 사람들, 특히 원주민들의 종교적, 영적 전통에서 발견된다.[3] 이 책에서 논의할 것은 회복적 정의 철학에 대한 CJI의 비전이다.

회복적 정의에는 많은 정의定義가 있다. 간단하게는 회복적 정의가 더 건강하고 안전한 공동체를 만드는 데 피해자의 치유, 범죄자의 진심어린 책임 이행, 이해 관계자피해자, 범죄자 및 공동체의 참여를 강조하는 정의에 대한 비적대적, 비보복적 접근 방식이라고 정의할 수 있다. 그러나 회복적 정의의 진정한 힘은 이런 정의를 넘어선다. 회복적 정의의 힘은 그것이 무엇이든 사람들이 잃어버렸다고 느끼는 것을 회복하려 할 때 겪게 되는 과정에 있다. 그 과정에서 사람들이 회복을 향해 함께 가면서, 개인적 혹은 관계적으로 변화를 경험한다. 효과적인 회복적 절차는 사람들이 피해와 필요, 자신의 역할과 책임, 서로에 대한 연결을 바라보는 방식에 변화를 가져온다.

회복적 정의를 이해하는 또 다른 방법은 회복적 절차의 목표 또는 '이정표'를 알아차리는 것이다. 『회복적 정의 실현을 위한 사법의 이념과 실천』에서 하워드 제어Howard Zehr는 회복적 정의의 현실 목표는 다음과 같다고 제안한다. 해당 상황과 결과에 이해가 있는 모든 사람을 가능한 참여시킨다. 발생한 피해를 식별하고 해결한다. 서로에 대한 의무를 확인하고 그 의무를 다룰 기회를 제공한다. 제기된 필요를 확인하고 해결한다. 의미있는 방식으로 공동체를 참여시킨다.[4] 제어는 목표를 '이정표'로 해석한다. 여기에는 정해진 규정이 없기 때문에, 참여자들에게 목표에 도달하는 방법을 알려주는 대신 일반적인 방향을 안내한다.

> - 효과적인 회복적 절차는
> - 사람들이 피해와 필요,
> - 자신의 역할과 책임,
> - 서로에 대한 연결을 바라보는
> - 방식에 변화를 가져온다.

제어의 회복적 정의 이정표:

1. 위반된 규칙보다는 잘못된 행동으로 인한 피해에 초점을 맞추라.
2. 정의 과정에서 피해자와 가해자 모두에게 동등한 관심과 헌신을 보여주라.
3. 피해를 입은 사람들의 회복을 위해 노력하고, 그들에게 권한을 부여하고, 그들이 느끼는 대로 그들의 필요에 응답하라.
4. 가해자들을 지원하면서도, 그들이 자신들의 의무를 이해하고, 받아들이고, 수행하도록 격려하라.
5. 가해자들에게는 의무가 어려운 일이 될 수 있고, 그러한 의무는 피해를 입히기 위한 것이 아니어야 하며, 달성 가능한 것이어야 함을 인식하라.
6. 양 당사자의 필요에 따라, 피해를 입은 사람들과 피해를 입힌 사람들 간의 직간접적인 대화 기회를 제공하라.
7. 지역 공동체를 참여시키고 지역의 범죄 기반에 대응할 의미 있는 방법을 찾아라.
8. 강압과 고립에 의존하기보다는, 피해를 입은 사람과 피해를 입힌 사람 모두의 협력과 재통합을 장려하라.
9. 활동과 프로그램의 의도하지 않은 결과에 주의를 기울이라.
10. 피해를 입힌 사람, 피해를 입은 사람, 친구 및 사랑하는

사람, 법원 관계자justice colleagues 등 모든 당사자에게 존중
을 나타내라.[5]

5 ~ 8장의 사례 연구는 회복적 정의 이정표를 따르는 과정의 실
제 사례다. 그러나 회복적 정의를 구현하는 방법에는 여러 가지가 있
다. 공동체의 특정 문화적 맥락에 따라 운영할 수 있는 여러 모델이
개발되었다. 공동체가 자신의 회복적 절차에 대한 주인의식을 갖
는 것이 중요하다. 따라서 제어는 "회복적 정의는 대화를 통해, 공
동체에 의해 아래에서 위로 구축되어야 하며, 그에 따라 자신들의
필요와 자원을 평가하고, 원칙을 자신의 상황에 적용해야 한다."[6]
고 말한다.

CJI에서는 갈등 또는 피해 상황에 회복적 정의 절차를 사용할
지 여부를 결정할 때 위의 목표와 이정표가 매우 중요하다는 것을
발견했다. 절차가 목표나 이정표에 맞게 수정될 수 없다면, 이는 회
복적 정의가 아마도 적합하지 않은 경우라는 강력한 지표다.

철학을 실제 상황에 적용하기

회복적 정의 작업에서, 우리는 3단계 절차와 여러 도구를 사용
하여 노인, 그 가족, 간병인 및 여러 사람들이 갈등, 범죄 및 학대를
해결하도록 지원한다.

A. 회복적 정의 단계

1 단계 : 준비 상태 평가 : 준비 상태를 평가하고, 참여에 관심이 있는지 결정하고, 다음 단계를 준비하기 위해, 관련된 모든 사람들과 개별적으로 만난다. 이 준비 회의에서는 참여자들에게 다음과 같은 질문을 한다.

- 어르신은 장애나 건강 문제 관련하여 지원이 필요합니까?
- 참여자 중 다른 기관, 가족 구성원, 신앙 공동체 또는 친구의 지원이 필요한 사람이 있습니까 즉, 다른 누가 더 참여할 필요가 있습니까??
- 참여자들에게 과정 참여 전, 도중, 이후에 안전상 염려되는 사항이 있습니까?
- 어르신이 자신의 필요 사항을 소통하고, 정보를 소화하며, 결과를 조율하는 과정에 참여할 수 있습니까 이에 대한 지원이 필요합니까?
- 사람들은 발생한 피해에 대해 기꺼이 책임지려고 합니까?
- 무슨 일이 일어났으며, 이 상황에 연루된 사람들에게 어떤 영향을 미쳤습니까?
- 참여자들이 상황을 극복하고 안전하다고 느끼는 데 필요한 것은 무엇입니까?
- 이 상황을 해결하기 위해 전에 어떤 시도가 있었습니까?
- 참여자들은 한걸음 나아갈 계획을 세우기 위해 어떤 일을

할 수 있습니까?

- 참여자들이 서클에 가져오고 싶은 가치 있는 물건 예 : 사진, 기념품 등이 있습니까?

2 단계 : 사람들을 모으기 : 대부분의 상황에서 또는 안전하고 적절한 장소에서, 모든 참여자와 개별적으로 만난 후, 갈등을 해결 하거나 아픔을 치유하기 위해 사람들을 모아 대화한다. 일반적으로 모든 회복적 정의 도구에는 참여자가 함께하는 절차가 있다.

소개:

- 참여자는 자신을 소개하고 그들이 가져온 가치 있는 물건 을 소개한 다음 1단계의 설명 참조, 그 물건이 의미가 있는 이유 를 이야기한다.
- 참여자는 과정 중에 지켜야 할 지침과 가치를 정한다.
- 참여자들은 자신이 노인과 어떤 관계로 연결되어 있는지 짧게 이야기한다.

대화:

- 참여자들은 일어난 일에 대해 함께 대화한다.
- 참여자는 각자의 필요를 확인하고, 이러한 필요를 해결하 는 방법을 논의한다.

- 참여자는 결과에 대한 선택지 또는 아이디어를 확인한다.
- 참여자들은 문제 해결에 어떻게 일조할 수 있는지, 그리고 '일을 바로잡기' 위해 어떤 노력을 할 수 있는지 논의한다.

합의:

- 합의서^{양해 각서}가 작성되고, 모든 참여자는 이를 따를 것에 동의한다. 합의에는 배상 계획, 사과, 새로운 위임장 설정, 동거 형태, 노인과의 관계 모니터링, 안전 계획, 후속 회의 등과 같은 사항이 포함될 수 있다.

3단계 : 후속 조치 : 모임 이후, 참여자와 후속 회의를 한다. 주기적으로 서비스의 유용성을 평가하는 한편, 기타 지원이 필요한지 결정하는 것이 중요하다. 후속 조치를 통해 우리의 절차가 회복적 정의의 목표와 이정표를 반영하는지 여부를 측정할 수 있다.
- 참여자들에게 자신의 필요를 확인할 권한을 주었는가?
- 필요가 충족되었는가?
- 참여자들이 자신의 행동에 대한 책임을 받아들이도록 권장되었는가?
- 사람들이 서로에 대해 직접적으로 책임을 졌는가?

퍼실리테이터facilitator의 임무는 사람들이 필요와 책임에 대해 공정하고, 솔직하며, 공개적으로 소통할 수 있는 안전한 환경을 조성하고 지원하는 것이다. 합의에 도달하는 것은 안전한 절차를 지원하는 것만큼 중요하지 않다. 단지 만나는 것만으로도 사람들은 서로를 다르게 볼 수 있는 경우가 많다. 이해와 존중이 생기고, 서로가 다르지만 함께 일할 수 있는 역량도 생긴다. 참여자는 관계가 복구될 수 없을 정도로 깨져버렸다는 감정을 잊고, 다시 간병인, 친구 또는 가족의 자리로 되돌아온다. 모든 것이 해결되지 않을 수도, 모든 사람이 평화롭지 않을 수도 있지만, 일반적으로 일종의 회복이 발생한다.

- **퍼실리테이터의 임무는**
-
- **안전한 환경과 절차를**
-
- **지원하는 것이다.**

B. 회복적 정의 도구

다음은 사람들이 갈등, 범죄 및 학대를 극복하는 데 도움이 되는 다양한 회복적 도구에 대한 간략한 설명이다.

중재: 중재는 갈등이 있는 개인이 함께 앉아 서로의 관점을 이해하도록 장려하는 자발적인 절차다. CJI에서는 CJI 관계자의 감독하에 공동체의 훈련된 자원 봉사 중재단이 중재를 담당한다. 중재는 참여자가 협상된 합의를 통해 해결할 수 있는 특정한 요구 사항이 있을 때 가장 알맞은 방

법이다. 갈등의 영향을 받는 사람이 2~3 명 뿐일 때도 좋은 전략이다. 그러나 학대가 발생하고 있거나 심각한 권력 불균형이 있을 때는 최선의 절차가 아니다.

평화 만들기 서클: 평화 만들기 서클은 어렵지만 존중하며 대화를 나누기 위해 사람들 몇을 모으는 과정이다. '토킹 피스' 는 모든 참여자가 말하고 들을 수 있는 기회를 제공하는 데 사용되는 중요한 물건이다.

• 토킹피스는 서클을 따라 옆 사람에게 차례로 전달된다.
• 토킹피스를 들고 있는 사람만 말할 수 있으며, 참여자는 자신의 차례가 되었을 때 통과하거나 침묵할 수 있다.

평화만들기 서클은 또한 일반적으로 서클의 시작과 끝 부분에 시나 기도와 같은 '의식ritual' 을 사용하여 서로 연결되어 있다는 감정을 공유한다. 평화 세우기 서클은 더 많은 수의 참여자가 관여되어 있는 상대적으로 크고 심층적인 문제에 적합하다.예 : 주택 단지에서 서로 다른 그룹 간의 갈등 서클은 관계를 개선하고 차이점을 해결하기 위해 어려운 문제를 논의할 수 있는 안전한 공간을 만든다. 논쟁의 여지가 있는 문제를 건드리기 전에, 개인이 공동체에 대한 더 깊은 이해를 갖도록 적극적으로 개인이 관여하게 만든다.

서클에는 이야기 서클과 치유 서클을 포함하여 다양한 유형이 있다. 평화 만들기 서클은 상황의 영향을 받는 사람이 많을 때 가장 적합하다. 평화 만들기 서클은 학대와 심각한 권력 불균형이 있을 때도 사용할 수 있다. 그러나 시간이 제한되어 있거나 빠른 해결책이 필요할 때는 평화 세우기 서클이 적합하지 않다. 평화 만들기 서클에 대한 더 자세한 논의는 케이 프라니스Kay Pranis의 『서클 프로세스』 대장간 역간를 참조하라.[7]

갈등 코칭: 갈등 코칭은 갈등을 효과적으로 해결하기 위해 고군분투하는 사람들에게 갈등 해결, 의사 소통 및 문제 해결 기술을 가르친다. 갈등 코칭은 개인이 자신의 갈등 유형과 패턴을 검토하고, 다른 참여자가 그들의 행동을 바꾸지 않을 때, 자신의 행동이 갈등을 완화하고 조화를 돋우는 방법을 찾도록 촉진한다. 갈등 코칭은 중재 또는 평화 만들기 서클 이전이나 도중에 가장 적합하며, 이를 통해 개인은 갈등 해결 절차에 성공적으로 역할하는 데 필요한 기술을 잘 갖추게 된다. 갈등 코칭은 개인적인 갈등 상황을 조절하려는 사람이나, 중재 또는 평화 만들기 서클에 참여할 수 없거나 관심이 없는 사람들도 이용할 수 있다.

다른 회복적 정의 절차는 직접적인 갈등과 피해를 다루기보다 공동체 구축과 예방을 더 많이 다룬다. CJI는 사람들이 상황에 최선을 다할 수 있는 기술과 능력을 갖추도록 노인 주거 환경에서 작업할 때 다음과 같은 몇몇 도구들을 사용한다.

교육 그룹: 교육 그룹은 아이디어를 배우고 공유할 수 있도록 특정 주제를 중심으로 조직된다. 일반적으로 이러한 그룹은 6-8주 동안 운영되며 노인 거주지, 문화 센터, 종교 단체 및 노인들이 모이는 여타 장소에서 진행된다. 교육 그룹은 일반적으로 의사 소통, 갈등 인식 및 관리, 다양성 인식 등 전문 주제로 진행된다. 주로 다른 공동체 서비스예: 다문화 센터 및 상담 기관가 교육 그룹에 참여하여 전문 지식을 전달하고 노인과 서비스를 연결한다.

친목 그룹 : 친목 그룹은 일반적인 문화 또는 예술 활동 예: 정원 가꾸기, 놀이 등을 즐기면서 우정을 쌓도록 촉진하여 서로 사회에서 잘 연결되도록 돕는다. 이런 그룹은 처음에 CJI에 의해 촉진된 다음, 활동을 주도하는 이웃과 함께 단독으로 운영된다.

중재 및 평화만들기 서클 워크숍 : 중재 및 평화 만들기 서클 워크숍은 노인 거주자가 갈등을 스스로 해결하도록 교육한다. 이 워크숍의 목적 중 하나는 미래의 갈등을 해결하는 데 도움을 줄 수 있는 노인 중재자 및 평화만들기 서클 키퍼로 구성된 팀을 만드는 것이다.

지원 그룹 : 지원 그룹은 유사한 상황을 겪고 있거나 지원이 필요한 노인을 위해 만들어진 모임이다. 지원 그룹은 많은 사람들이 겪고 있는 특정 문제(예: 친족의 죽음)를 중심으로 구성된다. 이 그룹은 주로 CJI가 조직되고 가끔은 진행되기도 하지만, 그 내용은 거주자들이 만들고 관리하는 경우가 많다.

회복적 정의 실천가practitioner

회복적 정의의 목표, 이정표 및 도구를 아는 것만큼 능력 있는 실천가나 퍼실리테이터와 일하는 것이 중요하다. **회복적 정의는 창의적이고 유연하며, 독특한 상황과 도전에 의미 있게 대응할 수 있는 실천가가 필요하다.**

실천가는 창의력, 새로운 아이디어에 대한 개방성, 그리고 유연성을 활용하여 참여자의 각각의 필요에 맞는 절차를 만들어야 한다. 또한 훌륭한 실천가는 회복적 절차가 목표와 이정표에 충실하도록 지킬 책임을 다하면서도, 궁극적으로 회복적 정의란 참여자의 필요와 의사 결정에 관한 것임을 알고 있는 사람이다. 실천가의 자아가 담겨야 한다.

숙련된 회복적 정의 실천가는 말하기보다는 듣는 역할이지만, 참여자가 자신의 필요를 전달하고, 다른 사람의 필요를 듣고 그에 응답할 수 있는 대화 공간을 만들기 위해 필요한 경우 개입할 수 있다.

여러 사람이 하나의 사건을 설명하다보면, 서로 모순되는 여러 이야기나 '진실들'이 나오는 경우가 많다. **훌륭한 회복적 정의 실천가는 서로 다른 여러 진리에 열려** 있으며 이러한 진리가 모순적으로 함께 존재할 때가 많다는 사실을 받아들일 수 있다. 그들은 판단하지 않는 태도를 유지하지만, 여러 사람보다 한 사람과 더 연결되는 것처럼 특정 편견에 사로잡힐 수 있다는 것도 인정한다. 퍼실리테이터는 이러한 감정이 절차에 영향을 주지 않도록 개인적으로 또는 동료와 함께 상황을 인식하고 성찰하고 관리한다.

분노에 대한 반응 : 참여자들이 대화 중에 매우 화를 내는 상황이 있다. 회복적 정의 실천가들은 침착함을 유지하고, 폭력 가능성을 완화하기 위해 기민하게 행동해야 한다. 실천가는 화난 참여자의 요구에 지속적으로 응답하면서 모든 참여자가 안전하다고 느끼도록 대응해야 한다. 한 퍼실리테이터는 그룹에 남아서 무슨 일이 일어나고 있는지 소통하고 참여자들이 어떤 감정을 느끼는지 확인한다. 다른 퍼실리테이터는 나머지 그룹과 분리된 안전한 공간에서 화가 난 참여자를 만난다. 사람들은 여러 가지 이유로 분노를 느끼지만, 회복적 정의 실천

과정에서 참여자가 분노하는 공통적인 원인 중 하나는 그 과정이 그들의 필요를 충족시키지 못한다는 것이다. 회복적 정의 실천가는 먼저 안전한 방법으로 환기할 수 있는 공간을 제공함으로써 참여자들이 진정되도록 돕는다. 참여자들이 진정된다면, 회복적 정의 실천가는 이 과정 중 그들에게 효과가 있는 부분과 그렇지 않은 부분이 무엇인지 묻는다. 참여자들의 순서를 왔다갔다하는 등의 절차 변경이 가능하다. 이런 변화는 화를 누그러뜨리고 참여자들이 과정에 긍정적으로 다시 참여하도록 돕는다.

회복적 정의 실천가는 모든 상황을 학습 관점에서 본다. 즉, 그들이 모든 답을 알지 못한다는 것을 안다. 능력 있는 실천가는 침착하게, 공감하며, 과정에 참여한다. 또한 회복적 정의 실천가는 모든 사람에게 친절하게 다가간다. 이를 통해 모든 이에 대한 돌봄을 실천하는 한편, 비록 어떤 사람이 불쾌한 태도를 보이거나 누군가에게 심각한 피해를 주었더라도 그들에게서 선함을 찾고자 한다. 우리는 이러한 실천가의 자질이 좋은 회복적 절차에 필수적이라는 것을 발견했다.

경청하는 사람은:

- 자세가 편안하고 열려 있다

- 따뜻하고, 환대한다

- 해결책 주기를 꺼린다

- 열린 질문을 한다

- 참여자의 말을 요약하고 되묻는다

- 동의하지 않더라도 감정과 관점을 그대로 인정한다

- 그들 자신의 삶에 지나치게 집착하는 모습을 보이지 않는다

- 침묵의 순간을 남겨둔다

- 판단이 아닌 호기심의 관점에서 접근한다

- 비언어적 신호를 찾는다

- 상대가 괜찮은지 정기적으로 확인한다

언제 회복적 정의 절차 사용에 주의해야 하는가?

수년간의 경험을 통해 회복적 정의가 모든 상황에 적합하지는 않다는 것을 배웠다. 다음은 회복적 절차를 사용하지 않거나, 주의하며 혹은 접근 방식을 바꾸어 절차를 진행해야 하는 상황이다.

1. 다른 사람에게 피해를 준 사람은 책임을 질 준비가 되어 있지 않다.

우리는 피해를 끼친 사람이 자신의 행동에 대한 책임을 거부할 때 회복적 정의 절차를 진행하는 데 신중을 기한다. 우리는 노인을

학대한 사람이 자신의 책임을 인정하지 않는 노인 학대 상황을 포함하여 매우 복잡한 상황에 관여해 왔다. 우리는 일반적으로 이러한 상황을 경찰과 사회 복지사가 있는 지역 노인 학대 대응팀 EART에 회부한다. 이 팀은 가족과 만나 형사 고발이 적절한 지 결정한다. 우리는 과정을 진행하면서, 노인에게 해를 끼친 사람을 그 과정에 초대하지 않을 때도 있다. 노인에게 또 다른 심리적 피해와 학대가 일어날 가능성이 있기 때문이다. 대신, 우리는 다른 간병인, 친구, 전문가 및 노인이 회복적 절차에서 이야기하는 것을 통해 모든 사람이 발생한 일에 대해 동일한 정보를 듣게 한다.

이것은 간병인과 노인이 들었던 정보에 대한 감정을 공유하고 다음 단계에 대해 공동으로 이해할 수 있는 기회를 갖기 위해 평화 만들기 서클을 사용하는 상황이다. 일반적으로 회복적 절차는 안전을 위한 계획을 수립하고 노인을 돌보는 다른 사람들이 노인의 안전을 위해 마련된 계획을 지원할 수 있도록 무슨 일이 일어나고 있는지 인식하게 돕는다.

2. 사람들은 자신을 변호할 수 없고, 변호 지원도 받지 못한다.

누군가가 피해를 극복하기 위해 혹은 더 좋은 상태로 가기 위해 필요한 것들을 표현할 수 없다면, 회복적 정의는 적절하지 않다. 노인이 정신 질환이나 인지 장애가 있는 경우가 그에 해당한다. 이런 경우에는 자신을 잘 알고, 그들이 신뢰하는 대변인을 데려오게 하는 등 사람들이 필요를 말하거나 잘 표현하도록 돕는 방법이 있다. 어떤 사람에게 대변인이 없다면, 우리는 대변인을 찾아주기도 한다. 우리는 서비스에 대한 선호도에 따라 자립 그룹 및 신앙 그룹과 같은 전문 지원이나 기타 비공식적 지원에 사람들을 연결한다. 이러한 지원이 마련되면 우리는 그들의 대변인들을 회복적 절차로 데려 온다. 대변인들은 다른 역할을 할 수도 있다. 예를 들어, 노인에게 서비스를 제공하는 기관이나 의사는 노인의 건강 상태와 관련된 정보를 가져와 가족들이 노인의 앞으로 받을 치료에 대해 논의할 준비를 하도록 교육할 수 있다. 또 다른 예는 노인의 간병 일정을 가족과 공유할 수 있는 가정 의료 서비스의 사회복지사를 포함하는 것이다.

치매와 같이 참여 능력이 제한되는 건강 문제가 있는 경우에는 대변인을 지정하거나 회복적 절차를 진행하기 전에 대변인을 찾도록 도울 수 있다. 이러한 상황에서, 우리는 치매가 있는 노인도 항상 절차에 참여시킨다. 치매 노인에게 서비스를 제공하는 것은 필수적이다. 우리는 그런 노인들이 회복적 절차에 기여하는 능력을 인정하고 있으며, 회복적 절차에서 다른 참여자들이 노인의 이익에 초점을 맞추도록 돕고 있기 때문이다. 이러한 상황에서 우리는 보호자, 전문가 및 노인들과 대화하여 노인들이 편안하게 최선을 다할 수 있는 방식으로 참여할 수 있게 돕는다. 건강 및 치매 관련 문제에 대해서는 4장에서 더 논의할 예정이다.

3. 폭력적인 트라우마와 권력 불균형이 있다.

가정 폭력이나 성적 트라우마를 경험한 당사자가 있는 회복적 절차에 참여하는 것은 회복적 정의 분야에서도 논란이 많고 예민한 주제다. 성적 트라우마이나 가정 폭력 사례에 회복적 정의가 적합한지에 대해 실천가들 사이에 엄청난 논쟁이 있지만, 그러한 경우 절차를 진행하려면 상당한 고려와 주의를 기울여야 한다는 것만은 확실하다. 회복적 정의 대화가 항상 적절한 대응일 수는 없다. 피해자의 안전, 지원, 기관 및 목소리가 과정 전반에서 보호되도록 보장하는 것은 모든 대응 활동의 기초다.

가정 폭력이나 성적 트라우마의 여파가 있는 상태에서 회복적 정의를 사용할 때 우려되는 지점 중 하나는 참여자 간의 권력 차이다. 학대 상황에서 권력은 피해자에게 폭력을 가하는 사람에 의해 통제, 협박, 공포 생성과 같은 부정적인 방식으로 사용된다. 폭력에 대응하기 위해 회복적 정의 사용을 옹호하는 사람들은 안전하고 적절한 곳에서, 그리고 준비 상태에 대한 충분한 평가가 이루어진 곳에서, 회복적 정의 대화가 진행되면, 피해자가 힘을 얻고, 피해를 끼친 사람을 직면하며, 자신의 삶에 어떤 영향을 받았는지 나누는 기회가 된다는 사실을 이해한다.

제어의 권한 부여 이정표가 지침이 된다. 여기서 목표는 권력 불균형과 싸우거나 그를 최소화하는 것이다. 또 다른 회복적 정의 연구자인 존 브레이스웨이트John Braithwaite는 목표가 '비지배' 환경이 달성되는 범위까지 권한을 부여하는 것이라고 제안한다.[8] 강력한 회복적 정의 절차는 참여자가 안전하고 존중 받는다고 느끼는 정도를 신중하게 고려하고 모니터링하며, 당사자들이 안전하고 자신의 필요를 반영한다고 동의한 방식대로 절차가 진행되고 있는지 확인한다. 성적 학대에 대한 대응으로서의 회복적 정의에 대한 자세한 내용은 『성학대와 회복적 정의』대장간 역간 [9]를 참조하라.

학대가 발생하지 않은 경우에도, 갈등 당사자 간의 권력 또는 강요가 존재한다는 것을 고려해야한다. 갈등 상황에서의 권력은 한 당사자가 그 과정에서 행동하고, 영향을 미치거나, 저항을 보여주는 역량으로 이해될 수 있다.[10]

노인을 위한 회복적 정의 절차에서, 당사자마다 권한의 정도가 다양할 수 있지만, 신체적, 정신적, 경제적 능력, 가족의 역사, 위임 권한 등으로 인해 모든 사람이 효과적으로 참여하기 위해 모두가 적절한 권한을 갖도록 보장하는 것이 중요하다.[11] 즉, 누가 힘이 있는지가 아니라, 힘 자체와 그것이 절차와 관계에서 사용되는 방식을 인식하는 것이다.

권력 불균형을 해결하기 위해 보호 장치가 마련되어야 한다. 정기적인 개별 만남, 코칭 또는 지원 인력을 포함하는 것과 같은 실천은 모두 보다 동등하게 권력을 배치하는 데 도움이 된다.

학대에 대응하기 위한 회복적 정의 대화는 모든 당사자가 자발적으로 참여하고, 피해를 끼친 사람이 책임을 지고, 퍼실리테이터가 학대의 영향을 충분히 이해하고, 적절한 준비, 지원 및 안전 계획이 있는 경우에만 사용되어야 한다. 여러 차례 학대가 일어난 상황 혹은 권력 차이가 너무 큰 경우, 회복적 정의 대화는 적절하지 않다.

4. 참여자는 형사 소송이나 민사 소송을 진행하면서 회복적 정의 절차도 진행하기 원한다.

노인과 관련된 갈등, 범죄 및 학대로 어려움을 겪고 있는 가족이 형사 또는 민사 법원 절차에 참여하는 경우 도움을 주기가 매우 어려워진다. 회복적 정의 절차가 보상 절차와 동시에 진행되면, 사람들이 회복적 절차에 협조하지 않는 방식으로 행동하게 된다는 것을 발견했다. 사람들은 법정 절차에서 상대편에 대응할 정보를 얻으려고 회복적 정의 절차를 사용하라는 유혹을 받을 수 있다. 법정 절차에서 잘 쓰이는 전략이지만, 회복적 절차의 핵심인 진실-말하기를 갉아먹는 전략이다. 또한, 법정 절차에서는 서로의 성격과 행동의 결점을 설명하도록 요구 받기 때문에 회복적 정의 참여자끼리 법정에서 만나면 그들 사이에 형성된 친분을 잃게 되는 경우가 많다. 민사 및 형사 법원 절차 중에 회복적 정의 절차 시작을 자제하라는 엄격한 규칙이 있는 것은 아니지만, 경험상 두 가지 접근 방식에 동시에 참여하기 어렵다는 것을 알게 되었다. 우리는 일반적으로 법정 절차를 계속 진행하고, 그것이 완료되었을 때 여전히 회복적 정의에 관심이 있다면 우리 단체에 연락하라고 제안하거나, 반대로 회복적 작업이 시도되는 동안 법정 절차를 중단하도록 제안한다.

다음 단계

지금까지 회복적 정의의 중요한 원칙, 원칙을 구현하는 데 사용되는 도구, 회복적 정의를 사용할 때 주의해야하는 상황을 이해했다. 이제 강력한 공동체를 만들고 연령차별의 구조적 영향을 다룰 방법에 대해 생각할 준비가 되었다.

3장. 건강한 공동체를 만들고 연령차별에 도전하는 '큰 그림'

이전 장에서 우리는 회복적 정의의 철학, 도구, 실천과 걸림돌을 살펴봤다. 이제껏 회복적 정의는 노인, 그 가족, 간병인을 대상으로 하는 긍정적인 소규모 개입이었다. 하지만 노인의 고립과 연령차별적 태도처럼 궁극적으로 우리 서비스의 필요를 양산하고 있는 더 큰 사회적 힘에 영향을 미치기 위해 노력하고 있다. 우리는 우리가 서비스에 참여하는 개인에게 집중하더라도 지속적으로 회복적 정의를 통해 더 크게 생각할 수 있기를 바란다. 즉, 이 책을 읽으면서, 두 가지 주요 개념에 대해 생각하기를 권한다. 첫째는 서로 돌보는 강한 공동체의 중요성이며, 둘째는 연령차별에 도전하는 일의 중요성이다. 미래를 생각하면서, 9장에서 이러한 아이디어에 대해 다시 한번 성찰할 것이다.

공동체가 바로 성공의 열쇠다

노인이 가까운 지역 사회와 양질의 연결성을 형성할 수 있다면

이는 그들의 행복에도 큰 차이를 가
져온다. 궁극적으로 공동체 연결성
을 형성하거나 회복하는 것이 회복
적 정의 프로그램의 기본 목표다. 노

공동체의
강한 연결성이
강한 사람을 만든다

인에게 관심이 있는 사람들 중 더 많은 사람들이 갈등과 학대가 발
생하고 있다는 것을 알 때, 노인과 그들의 보호자를 실질적으로 지
원하기 위해 헌신하는 사람들의 네트워크가 더 커진다. 회복적 정
의의 중요한 측면은 돌봄 지원 네트워크를 형성하고 강화한다는
것이다.

공동체와 연결하기

공동체는 사람마다 다른 의미일 수 있으며, 노인의 직계 가족
과 친구만을 지칭하는 것이 아니다. 공동체의 더 넓은 개념에는 가
까운 곳에 사는 사람들 이웃뿐만 아니라, 우리가 친구라고 부르지
는 않지만 믿음, 태도 또는 관심사를 공유함으로써 연결됨을 느끼
는 사람들예 : 종교 집단이나 사교 클럽, 스포츠 팀과 관련된 사람들이 포함된다.
우리는 또한 우리 도시나 마을에 사는 사람들, 즉 만나기는 해도 잘
알지 못하는 사람들로 더 큰 의미의 공동체를 정의할 수 있다. CJI
에서 가장 중요하고 어려운 부분 중 하나는 참여자들이 이 큰 의미
의 공동체에 강한 연결성을 형성하도록 돕는 것이다.

- **공동체 연결성을**
- **형성하는 것이**
- **회복적 정의의 기본 목표다**

특히 CJI가 양로원과 노인을 위한 지원 주택에서 일할 때, 공동체 구축의 긍정적인 영향을 보게 됐다. 집주인의 요청에 따라, 이웃간 갈등을 중재하게 되었다. 얼마 지나지 않아서 여러 이웃에서 지속적으로 발생하는 갈등에 대응하기 위해 같은 지역에 자주 돌아와야 한다는 것을 발견했다. 지속적인 변화를 위해서는 주민들이 이웃과 건강한 방식으로 연결되도록 도와야한다는 생각이 들었다. 그들은 강하고 건강한 공동체를 구축하기 위해 자신의 힘이나 역량을 믿을 필요가 있었다. 이러한 인식은 우리가 사용하는 도구 유형에 영향을 미쳤고, 공통의 공동체 가치 구축을 위해 중재보다는 공동체 구축 행사예 : 바비큐, 사교 집단 및 회복적 서클 절차에 더 많이 의존하게 되었다.

얼마 후, 우리는 이웃 사이의 갈등을 해결해 달라는 전화를 받는 일이 줄고 있다는 것을 깨달았다. 그래서 무엇이 바뀌었나? 소음 민원과 강아지 배설물에 대한 논쟁은 여전히 있었지만, 공동체는 강해졌다. 이해, 결속력, 공감의 양이 증가하고, 더 건강하고 강한 사회적 네트워크에 대한 가능성과 함께, 자신의 문제를 해결할 수 있는 능력이 있었다.

회복적 정의에 공동체를 포함시키는 또 다른 방법은 그들을 촉진하는 과정에 직접 참여시키는 것이다. CJI는 회복적 정의 프로그램을 공동으로 진행할 수 있는 숙련된 자원 봉사자를 준비시키고 지원한다. 이 서비스가 '공동체 자원봉사자들을 위한 것'은 아니지만, 다른 사람들이 어려운 상황을 견뎌내도록 도우면서 공동체 자원봉사자 자신의 삶도 변했다는 소식을 듣는다.

"CJI에서 자원봉사자로 일하면서 제 삶을 상당히 변화되었습니다. 어려운 상황을 헤쳐나가는 사람들과 마주 앉을 수 있는 특권을 누릴 때마다 배우는 것들이 많아서, 제 자신 스스로도 늘 놀라거든요. 사람들은 때때로 가장 힘든 상황에서 이야기를 나누러 옵니다. 뿐만 아니라, 의미 있는 결과를 위해 약점과 속내를 기꺼이 보여주어, 모든 당사자가 치유를 시작할 수 있게 만듭니다. 이런 대화를 목격할 때마다 나는 더 나은 사람이 됩니다. 나는 내 개인적 삶과 직업적 삶에서 사람들과 어떻게 상호 작용하는지 더 의식하게 됩니다. 사람들이 목소리를 내고 이해 받을 수 있는 기회를 제공하면, 그들의 삶 그리고 가족 및 친구의 삶 모두에서 전환이 시작됩니다. 이 파급 효과가 우리 세상을 바꾸리라 믿습니다."[12]

– CJI 자원봉사자

결과적으로, 노인, 변호사, 간호사, 종교 대표, 가정 간병인, 고령자 대변인seniors' advocates 및 노인 공동체의 다른 중요한 구성원 모두가 다양한 시기에 개입 성과에 기여했다. 회복적 정의에는 공동체를 변화시키는 고유한 능력이 있다. 다른 개인을 위한 절차에 참여함으로써 공동체 구성원은 종종 영향을 받고 변화된다.

노인의 존엄과 자치의 가치를 통한 연령차별에 도전하기

노인을 위한 회복적 정의에서 우리가 활동하는 북미의 고령화와 관련된 더 큰 사회 구조와 문화적 이해에 영향을 주려고 하기 때문에 더 어려운 부분이 생긴다. 노인을 향한 계속되는 고정 관념은 많은 노인들의 자율성 그리고 심지어 안전을 약화시키는 역할을 한다. 공동체 연결성을 구축하는 것으로 연령차별에 대항할 수 있다.

북미 지역의 노인 인구는 증가하고 있다. 캐나다 통계청에 따르면 2011년에 캐나다인 7명 중 1명은 65세 이상이고, 2036년까지 캐나다인 4명 중 1명은 노인이 된다.[13] 미국에서는 2013년에 노인이 인구의 14.1 %를 차지했다. 또한 2021년까지 이 숫자는 인구의 21.7 %로 증가할 것이 예상된다.[14] 인구 고령화로 많은 사람들이 자원이 고갈되고 지역 사회에 부담을 줄 것으로 예측한다. '고갈' 과 '부담'과 같은 용어를 사용하는 예측은 노인이 사회에 짐이 되고 있다는 관점을 보여준다. 이것이 우

> 공동체 연결성을 구축하는 것으로 연령차별에 대항할 수 있다.

리의 모습이라면, 노인들의 사회 공헌이 평가절하되거나 존중받지 못하는 상태에 도달하기 쉽다. 공동체를 만드는 사람으로서community builder, 우리는 인구의 고령화에 대해 다른 관점을 취하고 있으며, 이는 우리만 하는 생각이 아니다.

우리의 관점을 공유하는 몇몇 그룹은 자율성, 존중, 노화의 육체적 · 정신적 문제에 대한 지원 및 노인이 공동체에 기여하는 중요한 구성원이라는 기대를 갖고 노인이 성공적으로 고령화하도록 도우려는 의도로 일하는 지방 자치체를 만들기 위해 노력하고 있다. 예를 들어, 우리가 사는 캐나다 워털루 지역의 여러 지방 자치단체는 '고령친화도시AFC, Age-Friendly City' 가되기 위해 노력하고 있다. 세계 보건기구 WHO에 따르면, "고령친화도시에서 정책, 서비스, 환경 및 구조는 다음과 같은 방법으로 사람들이 적극적으로 고령화 할 수 있도록 지원한다. 노인들의 다양한 능력과 자원을 인식한다. 노화 관련 요구 및 선호도를 예측하고 유연하게 대응한다. 그들의 결정과 생활 방식 선택을 존중한다. 가장 취약한 사람들을 보호한다. 공동체 생활의 모든 영역에 대한 참여와 기여를 장려한다." [15]

우리 서비스를 설립하는 데 도움을 준 노인 학대 및 회복적 정의 컨설턴트인 안렌 그로는 일종의 노인 학대 예방책으로 캐나다 온타리오주 워털루시를 고령친화도시로 만들기 위해 노력하고 있다. 알린은 "워털루 고령친화도시 이니셔티브의 원동력은 노인 학대가 미시적, 중간적, 거시적 수준의 개입이 필요한 사회 정의 문제라는 인식입니다. 실천가로서 나는 노인들이 영향을 받는 부적절한 사회 정책이 노인 학대의 위험을 증가시키는 조건을 양산하여 노인들에게 미치는 영향을 직접 목격했습니다. 그러나 고령친화도시는 모든 사람들이 안전하게 고령화 할 수 있도록 정책, 서비스, 환경 및 구조를 장려합니다."[16] 고령친화도시와 같은 이니셔티브와 회복적 공동체9장에서 논의는 공동체가 고령화 인구에 대비할 수 있도록 돕는다. 우리가 고령친화적인 환경에서 살면 노인의 갈등, 범죄, 학대도 줄어들 것이다.

연령차별은 "연령에 따른 개인이나 집단의 고정관념과 차별이다. 연령차별은 편견적 태도, 차별적 실천 또는 고정 관념을 영속시키는 제도적 정책 및 실천을 포함하여 다양한 형태를 취할 수 있다."[17] 또한 연령차별은 인종 차별 및 성차별과 같은 다른 차별주의과 교차하여 일부 노인에 대한 여러 층위의 구조적 차별을 만들어낸다. 연령차별 문제를 해결하기란 쉽지 않다. 노인을 대상으로 한 우리 회복적 정의 프로그램에서는 두 가지 전략으로 연령차별에 맞서는 것이 중요하다고 생각한다.

1. 존중, 존엄성 및 자율성을 기반으로 하는 절차 개발
2. 간병인, 전문가 및 지역 사회 구성원의 무의식적인 연령주
   의적 가정에 도전

우리는 일에서 항상 존엄성
과 자율성의 가치에 대한 이해와
'진실 유지'의 중요성을 강조한
다. CJI에서는 "당신에게, 당신을
위해서가 아니라 당신과 함께"라

**존중 =
당신에게,
당신을 위해서가 아니라
당신과 함께**

는 **존중**의 렌즈를 통해 이러한 가치를 이야기한다. 우리의 회복적
정의 절차는 모든 사람의 **존엄성**, 개인적 가치 및 선호도, **자율성**
또는 자신의 일과 선택을 결정하고 통제하는 능력을 존중하는 것
에 확고하게 뿌리를 두고 있다. 가치를 고수하는 것은 회복적 정의
서비스의 자발적 특성에서부터 '나쁜' 선택에도 불구하고 누군가
를 존중하는 것까지 다양하다. 사람들은 회복적 정의 절차가 유죄
나 무죄 여부를 판단하지 않는다는 것을 알기 때문에 열린 마음으
로 진실되게 반응한다.

> 존엄성과 자율성의 가치에 내재된 것은 노인이 자신의 삶에 대한 의사
> 결정권을 갖고, 자신의 행복에 직접적인 영향을 미치는 행동을 실행하
> 는 데 적극적으로 참여하고, 주거 시설이 자신의 신념을 존중하도록

하며, 학대없이 살고, 지역 사회에 기여한 공로를 인정받을 권리를 우리가 고려한다는 것이다.[18]

우리 일에서, 취약한 사람들의 권리 보호를 염두에 두는 것은 특히 중요하다. 우리는 사회가 노인을 차별하는 경우가 많다는 것을 알고 있다. 우리 서비스는 형평성을 만들고, 노인과 그들의 옹호자들을 의사 결정에 포함시키고자 한다. 우리가 평화만들기 서클에서 이를 수행하는 구체적인 방법 중 하나는 노인에게 여는 말과 닫는 말을 할 기회를 주는 것이다.

우리는 가족, 전문가 및 기타 간병인이 노인의 존엄성과 자율성을 고려할 수 있도록 퍼실리테이터로서의 지위를 사용한다. 회복적 정의 절차에 노인을 포함시키지 않도록 가족이나 전문가가 주의를 줄 때가 있다. 그들은 배려하는 입장에서 주의를 주지만, 사실은 참여자가 토론에 기여할 수 없거나 주눅이 들 것이라고 가정하는 경우가 많다. 우리 경험에서 볼 수 있는 또 다른 예는, 사람들이 나이가 들어감에 따라 종종 유아화 된다는 것이다. 노인들은 '자신에게 가장 좋은 것이 무엇인지' 모르는 아이처럼 '보살핌'을 받는다. 사실, 우리 서비스를 찾는 일부 자녀들은 연로한 부모에게 우리에게 연락한 사실을 알릴 생각도 하지 않았다.

우리 일은 노인의 권한을 강화하고 노인의 권리를 강조하는 전략을 사용하여, 고립과 연령차별을 연결성 및 소속감으로 대체하고자 한다. 존중, 존엄, 자율을 통해 노인을 소중히 여기는 공동체를 만들기를 희망한다.

4장. 고령화의 영향
노인과 일하기 위해 회복적 정의 실천가들이 준비해야 하는 것

이 장에서는, 고령화의 영향을 설명하고 노인에게 회복적 정의 서비스를 제공할 때 고려해야 할 실질적인 전략을 확인한다.

CJI에서는 자원 봉사자들이 중재나 평화 만들기 서클 같은 회복적 정의 절차를 진행할 수 있도록 교육한다. 고령화와 관련된 문제와 그것이 회복적 정의를 구현하는 방식에 어떤 영향을 미치는지 퍼실리테이터가 이해하는 것이 중요하다. 고령화 문제는 종종 질병이나 죽음과 얽혀 논의되지만, 우리는 "나이는 질병이 아닙니다. 노화는 힘과 생존으로서 모든 종류의 변덕과 실망, 시련과 질병에 대한 승리입니다."라고 선언한 그레이 팬더스Gray Panthers, 역자주: 부당한 퇴직 제도를 개선하자는 취지로 1970년 미국에서 설립된 노년권익단체의 설립자 매기 쿤Maggie Kuhn처럼 노화를 생각하고자 한다.[19]

늙어감을 이해하기: 생물학적, 사회적, 신체적 접근101

세계보건기구WHO의 노년과 건강에 대한 국제보고서World Re-port on Aging and Health는 '다양한 분자 및 세포 손상이 점진적으로 축적되는 것' 이라는 생물학적 용어로 노화를 설명한다.[20] 보고서는 계속해서 "60세가 되면 노화와 관련된 청각, 시각 및 동력 손실과 심장 질환, 뇌졸중, 만성 호흡기 질환, 암, 치매를 포함한 비전염성 질병 때문에 장애와 사망에 대한 부담이 발생한다."[21] 이러한 우려는 여러 만성 질환을 동시에 경험하거나 약물 및 기타 의료 보조 장치보청기 등에 대한 접근성 부족 등 여러 요인으로 악화될 수도 있다.

일반적으로 노화에 관한 논의에서 신체적인 쇠퇴는 고려되지만, 노화의 심리적, 사회학적 영향을 강조하는 것도 중요하다. 노인들은 종종 사랑하는 사람의 질병이나 사망, 독립성 및 의사 결정권의 상실, 거주지의 변화 또는 기타 요인으로 인한 심리적 상실감을 경험한다. 이는 우울증, 자존감 하락 및 불안으로 이어질 수 있다. 이러한 심리적 영향은 노인이 사회적으로 배제되고 고립되어 자살 위험에 처할 가능성을 높일 수 있다. 노화의 사회학은 사회적으로 인정된 노화 방법이 있고, 많은 노인들이 관계에서 벗어나면서 가족 및 공동체의 관계가 변화하며, 태도와 신념예: 연령차별이 노인의 행복에 영향을 미친다고 말한다. 아래 표는 노화의 영향에 대한 몇 가지 구체적인 예를 보여준다. 물론 이들 중 어느 것도 모든 사람에게 동일하게 적용되지 않으며, 성별, 민족 문화, 사회 경제적 지위 및 기타 변수가 변화에 영향을 미치기 때문에 예측 가능한 변화 속 도나 특정 연령에 따른 변화도 정해져 있지 않다.

노화의 생물학적 영향	노화의 심리적 영향	노화의 사회적 영향
근육과 골밀도의 악화로 신체 능력이 감소 [22]	친척과 친구의 죽음으로 인한 상실감 증가	많은 경우, 노인들은 65세가 되면 퇴직을 강요 받음
청각 및 시력 상실 [23]	자연스러운 신체 변화만으로도 만성 우울증 가능성 증가[24]	고령자가 사회에서 벗어나기 시작하고 사회적으로 상호 작용할 기회가 매우 적어짐
건강한 뇌라도 노화 과정을 통해 상당한 뇌 용적(brain volume)이 손실됨 [25]	외로움과 불안과 같은 부정적인 감정은 많은 노인들이 사회적으로 퇴화되게 할 수 있음 [26]	연령 차별은 노인의 삶의 여러 측면에서 발생함: 직장에서의 연령 장벽, 연령으로 인한 의료 개입 철회 등 [27]
노화와 관련된 면역 체계의 부정적인 변화, 면역 노화가 발생 [28]	노인들은 자살 충동의 위험이 높음 [29]	기술을 사용할 수없는 노인은 중요한 정보 접근이 어려움 [30]

노화의 영향을 논의할 때, 상실에 대한 부정적인 측면에서만 논의하기보다는 경험과 지식 얻는다는 긍정적인 측면에서도 논의해야 한다.[31] 회복적 정의 접근법은 노인을 삶의 경험을 통해 지혜를

축적한 사람으로 존중한다. 한편으로 퍼실리테이터는 노화가 회복적 정의에 참여하는 사람의 역량에 영향을 주기 때문에 노화의 영향을 고려해야한다.

회복적 정의 접근법은 노인을 삶의 경험을 통해 지혜를 얻은 사람으로 존중한다.

다른 한편으로, 퍼실리테이터는 노인들 만이 기여할 수 있는 것을 확인하는 방법을 찾아야한다.

노인에게 가치를 두는 서비스를 어떻게 제공할 수 있을까?

서비스 제공자가 노화의 특정 문제를 인식하고 존중, 존엄성, 자율성, 그리고 궁극적으로는 해결 및 치유를 중시하며 일하는데 도움이 되는 실질적인 전략이 몇 가지 있다.

1. 상황을 개인적으로 받아들이지 말자.

갈등이나 범죄 및 학대처럼 스트레스가 많은 상황을 경험하는 사람들은 짜증이나 불쾌함을 표현하거나 난해한 언어를 사용할 수 있다. 특히 상실감과 우울증을 겪고 있는 노인들에게 이런 반응이 더 분명히 나타날 수 있다. 노화의 심리적 영향은 과민반응, 분노 및 침잠withdrawal을 포함한 다양한 표현 행동으로 이어질 수 있다. 우리는 모든 사람 자원 봉사자와 참여자 모두이 안전하다고 느끼도록 노력하면서도, 자원 퍼실리테이터에게 그러한 부정적인 행동들이 그들을 향하고 있는 것이 아니라고 가르친다.

이는 노인들이 현 상황에 대한 불편함을 소통하는 방식이거나 무력감에 반응하는 방법이다. 물론 참여자가 언어 폭력을 행사할 경우, 우리 자신이나 자원 봉사자들이 어떤 대우를 받아야 하는 지 제한을 둔다.

2. 인내심을 기르고 뛰어난 의사 소통 기술을 연습하자.

서비스 제공자로서 우리는 우리의 시간과 프로그램 참여자의 시간을 효율적으로 사용해야 할 때가 많다. 그러나 갈등을 다루면서 우리는 침묵과 인내를 중요하게 생각하게 되었다. 때때로 우리 서비스가 갈등 해결에 기여할 수 있는 가장 가치있는 것은 사람들이 시간을 내어 서로 소통할 공간을 제공하는 것임을 깨닫게 된다. 이는 청력 및 시력 상실을 경험하고 있거나, 연령차별주의적인 편견이 있는 사람들로부터 참을성이 없고 무례한 대우를 받는 노인과 소통할 때 더욱 가치가 있다. 실질적으로 천천히 명확하게 말하고, 먹으면서 말하지 말고, 말하고 있는 사람의 얼굴을 보며 소통하는 것이 중요하다. 인내심 있게 경청하는 사람이 되는 것도 중요하다. 일반적으로 효과적인 회복적 정의 실천가는 말하는 것보다 더 많이 들어야 한다.

3. 노인의 신체 언어를 인식하고 관찰한 내용을 확인하자.

노인과 의사 소통할 때, 노인의 피로감을 염두에 두고 세션이 끝났으면 하는 신호를 보인다면 존중해야 한다. 피로는 노인이 자신을 대변하고 올바른 결정을 내리는 데 방해가 될 수 있다. 일반적으로 짧은 만남이 가장 좋다. 신체 언어 변화를 알아차렸다면, 당신이 관찰한 바가 옳은지 당사자와 확인해야 한다. 과정을 진행하면서 가능할 때마다 노인이 잘 참여하고 있는지, 본인에게 권한이 있다고 느끼는지, 노인이 우선순위에 있는지 확인하자.

4. 기억력 감퇴 문제를 인식하고 단순하게 전달하자.

기억력 감퇴는 나이가 들어감에 따라 많은 사람들에게 공통적으로 생기는 장애다. 기억력 문제는 종종 스트레스를 받으면 악화되며, 갈등이 심한 상황에서 일반적으로 나타나는 증상이다. 스트레스를 받으면, 많은 사람들이 명확하게 생각하고 쉽게 기억하는 데 어려움을 겪는다. 실천가로서 스트레스와 기억력 감퇴를 염두에 두고 이해가 잘 되도록 쉬운 단어로 된 짧은 문장을 사용하는 것이 중요하다. 모든 참여자, 특히 기억력 감퇴로 어려움을 겪고 있는 노인의 경우, 개념과 지침을 단순화하고, 명확하게 말하되 아랫사람에게 말하는 방식은 피해야 한다. 모든 참여자에게, 한 번에 하나의 주제를 다루고 내용을 다시 혹은 다른 방식으로 설명해야 하는지 규칙적으로 묻는 것이 중요하다. 참여자들이 참고 자료나 기억하기 위한 방법으로 내용을 받아 적도록 도와주자. 또한 참여자가 질문이 있으면 항상 연락하도록 권장하자.

5. 방해요소를 피하자.

모든 참여자가 더 쉽게 집중할 수 있도록, 시끄러운 방이나, 전화벨 또는 교통량이 많은 공간과 같은 청각적 또는 시각적 산만함을 차단하는 것이 좋다. 너무 많은 방해요소는 당면한 상황을 듣고 집중하기 어렵게 만든다.

6. 자신의 신체 언어를 인식하자.

갈등과 관계가 있거나 범죄와 학대의 여파를 겪고 있는 사람들은 무슨 일이 일어나고 있는지 혹은 무슨 일이 일어났는지 이야기할 누군가가 필요하다. 노인의 이야기를 서둘러 끝맺지 말고, 세심하게 경청하는 것이 중요하다. 몸 전체를 써서, 노인 쪽으로 몸을 약간 기울이고, 대화를 주도하지 않고 노인이 말하는 것을 잘 따라가고 있다고 자주 표시해주어야 한다. 회복적 정의 절차 중에 공유된 무거운 정보에 과잉 반응하지 않는 것도 중요하다. 대신, 침착함을 유지하여 노인이 자신의 정보를 계속 공유해도 되겠다는 안전함을 느끼도록 해야 한다.

7. 내 생각보다는 다른 생각을 존중하고 연령차별적 가정과 표현을 피하자.

종종 퍼실리테이터를 포함한 참여자들은 결과에 대한 다양한 상을 갖고 회복적 정의 과정을 시작한다. 우리 모두는 삶에서 서로 다른 경험을 한다. 참여자들은 갈등 사건에 대해 다양한 경험 다양한 설명으로 이어지는을 한다. 회복적 정의 실천가로서 사람들의 관점과 의견에 동의하지 않더라도 그런 의견을 존중하는 것을 기억해야 한다. 퍼실리테이터가 안전하고 정중한 절차를 보장하는 역할이라면, 참여자는 의사 결정자이며 그들의 필요에 맞는 성과를 만드는 역할이다.

우리는 또한 우리 자신의 연령차별적 가정에 도전하려고 노력해야 한다. 우리가 하는 말이 좋다고 생각할 수 있지만, 실제로는 연령차별적이며 노인들을 비가시화 하는 작용을 하여 그들의 자신감에 영향을 미칠 수 있다.

매니 갈자Mannie Garza, 재니스 키파버Janice Keaffaber, 신시아 리치 Cynthia Rich가 시작한 캘리포니아 샌디에고의 '늙은 여성 프로젝트 The Old Women's Project'는 연령차별에 맞서는 멋진 프로젝트다. 늙은 여성 프로젝트는 '늙은'이라는 단어를 좋은 단어로 환원한다. : "… 우리는 우리가 진정 누구인지 인정해야하는 당혹감을 선사해주는 사람들에게 지쳤습니다. '어떻게 지내세요, 아가씨?' 라고 마트 매니저가 말하더군요. 주저하는 목소리로 마치 성병에 걸렸는지 물어보듯이 '연세가 어떻게 되셨는지 여쭤도 괜찮을까요?' 라고 묻는 안경점 여직원이 있습니다. 모텔6의 직원은 '정말 물어보고 싶지는 않지만, 미국 은퇴자 협회 AARP, American Association of Retired Persons 회원이신가요?' 라고 말합니다. 이러한 메시지들은 반복해서 당신은 이 세상에 끔찍하고 당혹스러운 존재라고, 그리고 분명 당신 스스로에게도 그런 존재일 거라고 말합니다."[32] '늙은 여성 프로젝트' 는 젊음을 강조하거나 다른 사람의 나이에 당황하는 것이 우리가 실제로 나이를 이해하는 방식을 보여주는 것이며, 늙음이 젊음보다 열등하다는 연령차별주의를 강화한다고 설명한다.

'늙은 여성 프로젝트' 에서 제공한 또 다른 예는 이러한 가정을 다른 방식으로 조명한다. "당신은 70대 초반의 아주 건강한 정치 활동가이고, 한 번도 보지 못한 30대 초반의 청년을 만납니다. 이 청년과 몇 년 전까지 사회 정의 문제를 위해 함께 일했고, 연령차별이 주제인 행사에 그 청년과 함께 패널로 참여했습니다. 그는 당신에게 다가와서 친근하게 대화를 나눕니다. 청년은 현재 자신의 정치 활동에 대해 이야기하고 당신은 당신의 활동에 대해 이야기합니다. 당신이 작별 인사를 하자 그는 당신의 팔을 잡고, '여전히 활동하고 계셔서 기뻐요!' 라고 말합니다. 청년은 자신이 정말 좋은 말을 했다고 생각합니다. 그러나 당신은 일종의 충격에 빠진 채 자리를 뜹니다. 갑자기 당신은 당신이 생각했던 것과 완전히 다른 방식으로 그가 당신을 본다는 것을 깨닫습니다. 그는 당신을 곧 무너질 것 같은 사람으로 생각하고 있는 것입니다. 당신이 스스로의 죽음을 상기시키고 싶어하지 않는다는 것이 아니라, 그는 당신을 어떤 우리를 통해 보고 대화하고 있었다는 것을 알게 된 것입니다. 그리고 만약 그가 당신을 그렇게 본다면 - 연령차별에 대한 당신의 랩을 묵묵히 들어준 이 밝고 진보적인 청년처럼 - 그것은 당신이 지금 누구인지 때문이 아니라, 당신이 떨어지게 될 끔찍한 심연 때문에 아주 많은 사람들이 당신을 그렇게 보고 있는 것입니다."[33]

연령차별은 우리가 노인에게 말하는 방식에서 미묘하게 혹은 무의식적으로 나타난다. 우리가 가진 가정을 염두에 두고 지역 사회의 노인을 이해하고 상호 작용하는 방식에서 자신을 바로 잡으려고 노력하는 것이 중요하다.

8. 자신의 사적인 경계를 알자.

우리의 사적인 경계란 우리가 신체적, 정서적, 사회적 공간에 설정한 한계다. CJI에서 우리는 직업적인 경계가 모호해지거나 경계를 넘어간 자원봉사자들을 목격했다. 예를 들어, 노인을 자신이 원했던 어머니로 보기 시작했던 경우다. 자원봉사자가 자신의 슬픔과 상실을 극복하지 못했을 때 직업적·정서적 경계의 필요성을 쉽게 무시할 수 있다.

경계 연속체

← → 매우 엄격함　　　　건강함　　　　너무 허술함

경계 연속체, 예시 1: 회복적 정의 퍼실리테이터 역할 경계

← →
대변인　　　　　　조정인　　　　　상담자
중재인　　　　서클진행자　　　절친한 친구

경계 연속체, 예시 2: 회복적 정의 퍼실리테이터의 책임

← →
감독　　　　　　　　　전문가　　　　　　　　　친구
- 모든 절차와 　　　 · 참여자들이 절차와 　 · 지지자의 역할을
　결과를 관리함 　　　 결과를 만들 수 있게 　 대신하거나
　　　　　　　　　　　 허락하면서도 　　　　　 참여자의 이야기에
　　　　　　　　　　　 친절함을 유지 　　　　　 과하게 동감함

경계 연속체, 예시 3: 참여자가 퍼실리테이터에게 선물을 줄 때

← →
감사의 표시를 　　　 선물을 거절하지만, 　 선물을 받음
받지 않고 　　　　　 참여자의 친절함과
　　　　　　　　　　 마음을 받음

회복적 정의 실천가로서, 우리는 우리가 하는 일이 노인을 지원하는 것이 아니라, 노인이 자신의 지원 그룹과 관계를 강화할 수 있도록 돕는 것임을 계속 상기시키는 것이 중요하다. 반면에 자원봉사자들 중에는 너무 엄격한 자기 경계를 가진나머지 참여자들과 너무 친근해지는 것이 두려워서 차갑고 비인격적으로 행동하는 사람도 있다. CJI의 교육은 너무 경직된 성향부터 건강한 성향, 너무 개방적인 성향에 이르기까지 사적인 경계의 연속성을 설명한다. 우리는 직원 및 자원봉사자들에게 안전하고, 친절하며, 건강한 사적 경계를 지속적으로 강조하여, 각 개인 및 고유한 상황에 적절하게 적용되는지 확인한다.

치매 환자

미국의 알츠하이머 협회는 치매를 "뇌에 영향을 미치고 궁극적으로 사람이 일상적인 자기 관리를 수행할 수 있는 능력이 상실되는 질병으로, 병이 진행되는 동안 일상 생활의 모든 영역은 영향을 받는다. 시간이 지남에 따라 치매 환자는 새로운 정보를 배우고, 결정을 내리고, 미래를 계획하는 능력을 상실한다. 다른 사람들과의 의사 소통도 어려워진다. 치매 환자는 궁극적으로 일상 업무를 수행하고 주변 세상을 인식하는 능력을 상실한다."고 설명한다.[34]

치매가 있다고 해서 회복적 정의에 참여하는 것이 금지되어서는 안된다. 그러나 알츠하이머협회는 치매를 겪고 있는 개인과 일하는 전문가를 위한 권장 사항 시리즈를 발표했다. 우리는 회복적 정의 작업에서 이를 따르고자 한다.

- 치매가 있는 참여자의 경우, 그들이 참여할 수 있는 방법과 참여 욕구를 조사할 수 있도록 **준비** 작업에 더 중점을 두어야한다. 노인과 이야기하거나 노인을 가장 잘 아는 사람과 이야기하면서 노인 참여자를 알아봐야 한다.
- 우리가 치매 환자와 **연결**될 때, 우리의 목표는 항상 그들이 차분하고, 안심된 상태에서, 안전함을 느끼도록 하는 것이다.
- **소통**할 때는, 부드러운 어조, 미소, 긍정적인 단어를 많이 사용하려고 노력한다. 우리는 과정 중에 노인들이 평등하고 권한을 가진 구성원으로 인정받을 수 있도록 어른 대 어른으로 이야기한다. 우리는 천천히 말하고 끼어들지 않는다. 우리는 세부적인 이야기보다는 감정에 더 집중한다.
- 우리는 **선택지**를 제공하지만 너무 많은 선택지에 압도되지 않도록 조심한다.

정리하자면, 우리는 노인이 마땅히 받아야 할 존엄성과 존경심으로 그들을 대한다.

결론

이 장에서, 고령화 문제 그리고 회복적 정의 절차가 노인에게 접근하는 방법에 대해 이야기했다. 이제 우리는 노인관련 갈등과 학대 상황에서 회복적 정의 실천을 사용하는 실제 사례를 탐구할 필요에 앞선 기초적인 지식을 갖추었다. 앞으로의 네 개 장에서는 CJI의 노인 중재 서비스EMS에서 일어났던 실제 상황과 이야기를 성찰하는 개인 사례 연구를 통해 회복적 정의가 작용하는 방식을 탐구하고자 한다.

2부

노인을 위한 회복적 정의 사례 연구

5장. 사례 연구 1 노인 학대

이 장에서는 노인 학대에 대한 회복적 정의 접근 방식을 탐구한다. 노인 학대 상황은 회복적 정의 절차가 참여자들에게 더 이상의 피해가 되지 않도록 조심해야하기 때문에 매우 어렵다. 여기서는 엘리의 이야기와 우리 서비스가 대응한 방식을 통해 이러한 문제를 다루는 법을 설명하려고 한다.

> 노인 학대는 "신뢰가 기대되는 모든 관계에서 고령자에게 피해나 고통을 주는 단일 또는 반복적인 행위 혹은 적절한 조치의 결여"로 정의할 수 있다.[35] 노인 학대는 신체적, 심리적/ 정서적, 성적 그리고/또는 재정적 학대 등의 다양한 형태로 발생할 수 있다. 또한 고의적 또는 의도하지 않은 방치의 결과일 수도 있다.

엘리 이야기

엘리는 여행과 자연에 대한 열정이 있는 매우 독립적인 사람이었다. 젊었을 때 그는 자신의 삶이 얼마나 행복한 지 생각하곤 했다. 엘리의 남편이자 소울메이트인 제임스는 성공한 사업가였다. 둘은 5명의 자녀프레드, 빌, 다니엘, 패티, 잉그리드를 키웠고, 자연을 즐길 줄 알고, 세계 여행을 하는 모험과 즐거움을 알려주었다.

제임스가 63세의 나이에 뇌종양으로 사망했을 때, 엘리는 절망과 상심에 가득찼지만, 독립적이고 활기찬 생활을 다시 시작했다. 그러나 엘리는 71세에 뇌졸중을 앓았다. 엘리는 부분 마비와 경미한 시력 감퇴, 기억 상실을 경험했지만, 오래도록 그의 트레이드마크였던 독립성을 포기할 수 없었다. 병원을 떠나기 전, 그는 자기 힘으로 살기로 결심했다. 몇 주 후, 그는 완전한 독립은 불가능하며 돌봄과 재정적 도움이 필요하다는 것을 깨달았다. 엘리는 자신이 스스로 결정을 내릴 수 있는 동안은 특정한 일만 대신한다는 조건으로 자신의 재산 및 개인 관리를 두 딸 패티와 잉그리드에게 위임했다.

큰 딸 패티는 독신이었고 성공한 사업가였으며, 어머니처럼 무척 독립적이었고, 자주 출장을 갔다. 한편 잉그리드는 결혼하여 세 자녀와 손자 한 명이 있었고, 모두 한 집에 살고 있었으며, 파트 타임으로 일했다. 두 딸 모두 엘리와 같은 마을에 살았지만, 세 아들은 그렇지 않았다.

엘리에게 많은 건강 문제가 생기자, 그와 딸들은 엘리가 잉그리드의 집으로 이사하는 편이 가장 합리적이라고 결정했다. 처음에는 모든 것이 순조로웠다. 가족은 엘리를 열심히 지원했다. 전환 과정 내내 지원을 아끼지 않고, 새로운 생활 공간에서 엘리가 편안하게 지낼 수 있도록 다양한 방법으로 도왔다. 그러나 처음의 들뜬 기운이 가라앉기 시작했고, 이사한 지 몇 달 후 패티는 어머니의 태도가 달라진 것을 알아차렸다. 한때 활기차고 유쾌했던 엘리는 이제 침울하고 심란해보였다.

패티가 어머니의 상황에 대해 질문했을 때, 잉그리드는 화가 나서 패티에게 신경쓰지 말라고 했고, 어머니에게 아무런 문제가 없다고 장담했다. 또한 잉그리드는 패티에게 방문해도 괜찮은 시간이 언제인지 미리 전화하고 와달라고 제안했다. 패티는 걱정이 되었고 남동생들과 이 상황을 논의하기로 마음먹었다. 그러나 프레드는 관여하기를 거부했고, 빌은 걱정은 했지만 잉그리드와 이야기하고 싶어하지 않았으며, 다니엘은 화를 내면서 잉그리드에게 전화하여 어머니가 괜찮은지 물었다. 다니엘과 통화한 후 잉그리드는 너무 화가 나서 패티에게 전화를 걸었고, 어머니를 더 이상 만나러 오지 말라고 말했다.

패티는 점차 심해지고 있는 갈등을 해결할 방법을 찾다가 CJI의 EMS 프로그램에 전화했다. EMS는 서비스가 이 상황에 적합한지 판단했다. 이 상황에서 제공된 정보로만 보자면, 엘리는 경찰과 사회복지사로 구성된 지역팀인 노인 학대 대응팀EART, Elder Abuse

Response Team에 의뢰할 만한 즉각적인 위험이 없었고, 따라서 보다 넓은 노인 지원 네트워크에 연결했다. 엘리는 스스로 결정을 내릴 수 있는 능력이 있었지만, 잉그리드와 패티에게 자신을 대신하여 특정한 일을 처리할 권한을 위임한 상태였다.

잉그리드가 패티의 전화를 받지 않았기 때문에, EMS는 다니엘을 통해 엘리에게 연락하기로 결정했다. 다니엘은 EMS직원에게 자기가 상황을 해결하기로 결심했으며, 이미 변호사와 이야기를 나눴다고 덧붙였다. 다니엘에게 회복적 정의 절차의 가능한 이점을 설명하자, 다니엘은 절차에 참여하기로 동의했다. 다니엘이 얼마간 설득한 끝에, 다른 형제들도 동참하기로 했다.

그러나 다니엘이 주말 동안 어머니를 데려가려고 하자, 가족 내에서 긴장이 계속되었다. 잉그리드는 화를 냈고 처음에는 외출을 거부했지만, 다니엘이 경찰에 신고하겠다고 위협하자 감정을 가라앉혔다. 그러고나서 다니엘은 어머니에게 EMS에 대해 말했고 EMS 퍼실리테이터와의 만남을 위한 호텔방을 마련했다.

그제서야 엘리는 그녀의 이야기를 할 수 있었다. 처음에 엘리는 잉그리드 집의 이층 방에서 살았지만, 그 이후에는 빛이 거의 들지 않고 전화도 없는 지하 방으로 옮겨졌고, 화장실과 세면대가 있는 작은 화장실만 이용할 수 있었다고 이야기 했다. 퍼실리테이터에게 이야기하기를, 움직임이 자유롭지 못한 엘리는 좀 더 쾌적한 환경에서 햇빛을 받기 위해 하루에 한 번, 간신히 계단을 기어올라 갔다고 했다. 엘리는 잉그리드와 그 남편, 두 자녀는 아침 일찍 출근하고, 잉그리드의 딸 베라는 두 살 된 아이와 함께 집에 머물렀다고 말했다. 이른 아침부터 윗층에서 쿵쾅거리는 소리 때문에 잠도 잘 자기 어려웠다고 토로했다. 엘리는 자신의 개인적인 필요를 스스로 해결하려고 노력했지만, 샤워 부스가 있는 이층 화장실에 가려면 계단을 한 층 더 올라가야했기 때문에 점점 어려워졌다고 설명했다. 매일 오전 11시에 위층으로 올라가서 먹을 것을 찾을 때면, 베라는 엘리가 칠칠맞지 못하고, 냄새 나고, 식탐이 많다고 욕을 했다. 베라는 가족들에게 엘리가 전화를 사용할 수 없는 이유도 만들어냈다. 또한 베라는 엘리를 답답해 했고, 가끔은 엘리를 몰아치기도 했다. 베라를 피하기 위해 엘리는 하루 대부분을 지하층에서 잠을 자거나 TV를 보면서 혼자 보냈다.

엘리는 더 조용하고 쉬운 방법이라면서 잉그리드가 저녁 식사를 매일 아래층으로 가져왔다고 말했다. 잉그리드는 취침 전에 아래층에 내려 와서 접시를 치우고 10분 동안 엘리와 함께 TV를 보았다. 엘리가 잉그리드에게 베라의 언어 학대와 강요에 대해 이야기하려고 하면, 잉그리드는 거짓말을 한다고 비난했다. 엎친데 덮친격으로, 엘리는 잉그리드가 가계 살림에 보태려고 평소보다 수표에 더 많이 서명하도록 요청해왔던 것을 알아차렸다.

엘리가 다른 지역 사회 지원을 받고 있는지 물었을 때, 엘리는 그렇지 않아도 지역 서비스 단체와 연결되고 싶었다고 말했다. EMS는 엘리가 노인과 자원봉사 방문자를 연결하는 지역 사회 지원 기관과 연결되도록 도왔다. 자원봉사자는 엘리에 대한 또 다른 지원의 일환으로 회복적 정의 과정에 참여하게 되었다.

첫 만남 이후, 퍼실리테이터는 잉그리드와 베라에게 연락을 하고 과정에 참여하도록 초대했다. 또한 각 가족 구성원을 개별적으로 만나 각자의 이야기를 전할 기회를 만들었다. 그들은 어머니의 상황이 자신에게 어떤 영향을 미쳤는지 이야기했고, 각자가 주요 문제를 해결하는 데 도움이 될 수 있는 방법을 논의했다. 퍼실리테이터들은 또한 패티의 집으로 이사 한 엘리를 방문하여 그가 절차에 참여할 수 있도록 준비했다.

평화만들기 서클이 마련되었다.36 퍼실리테이터는 모든 참여자를 서클에 환영했고, 여는 의식을 치르고, 소개를 하고, 역할과 서클 약속을 점검했다. 모든 참여자는 자신의 관점에서 자신의 이야기를 할 수 있는 기회가 주어졌다. 그들은 이야기된 것들, 문제를 해결하기 위해 필요한 일, 그리고 어머니의 향후 돌봄과 관련된 최종 계획에 보탬이 되기 위해 준비한 내용을 논의했다.

모든 정보는 다음과 같이 이해 합의서Memorandum of Understanding로 기록되었다.

- 다니엘과 패티는 엘리가 활동에 참여하고, 개인 돌봄 필요에 대한 지원을 받고, 투약관리를 해줄 사람이 있는 양로원을 자신이 선택에 따라 알아보도록 돕는다.
- 잉그리드는 엘리에게 추가로 돈을 챙긴 것을 사과하고 분할 상환하기로 동의한다.
- 베라는 엘리에게 상처를 준 것을 사과한다.
- 엘리는 변호사를 만나 패티와 다니엘을 위임자가 되도록 위임장을 변경한다.
- 엘리는 일년 동안 프레드, 빌, 다니엘과 정해진 만큼 함께 시간을 보낸다.

회복적 대응

대화와 상호책임을 통해 관계 변화의 기회를 제공하는 것

엘리와 그녀의 자녀의 경우, 가족이 모여 잉그리드가 돌보았던 기간 중 어머니의 건강과 안전, 웰빙에 대해 깊고 정직한 대화를 나누기 위해 회복적 정의 절차를 사용했다. 비난하고 보복하는 데 초점을 맞춘 여러 전형적 사법 절차와 달리 회복적 정의 절차는 이해를 구축하고, 관점을 바꾸고, 관계를 회복하려

회복적 정의는 이해를 구축하고 관계를 회복시키고자 한다.

고 노력한다. 처벌과 불법 행위에 초점을 맞추는 전형적인 사법 제도는 노인의 목소리를 배제하는 경우가 많고, 그들의 필요나 관계를 결과에 반영하는 경우가 드물다.

회복적 정의 절차는 노인 학대 상황에 책임이 있는 당자의 고통이나 필요를 간과하거나 무시하지 않는다는 점에 주목하는 것이 중요하다. 사실, 이 과정은 '잘못한 사람'이 목소리를 내게 만들고, 개인적인 치유와 성찰을 하도록 지원한다. 잉그리드와 베라가 묘사한 것처럼, 그들은 책임을 져야했고, 가족들을 마음에서 우러나오는 아픈 고백으로 대면해야 했다. 일반적으로는 가족이 갈라설 만한 상황이었다. 회복적 절차를 진행하면서, 가족은 서로를 존중하는 방식으로 소통하고 서로의 이야기를 들을 수 있었고, 아무도 고립시키거나 포기하지 않는 해결책을 찾을 수 있었다. 많은 노인 학대 사례에서 가족 구성원 혹은 노인과 가깝거나 신뢰하는 위치에 있는 사람이 학대를 저지른다는 점을 생각할 때, 필요가 있다면 가족 관계를 강화하기 위해 회복과 치유를 장려하는 것이 가장 중요하다.

노인 학대에 대한 회복적 정의 사례는 노인들의 민감하고 복잡한 요구에 상당한 관심을 기울이면서도, 책임이 있는 당사자의 요구와 목소리를 무시하지 않는다. 이 절차는 전환적이고, 치유가 되며, 노인과 책임 있는 당사자가 다시 희생되거나 다시 범죄를 저지

르지 않도록 자율성을 바탕으로 예방 계획을 세우도록 북돋는다.

지역 사회 참여시키기

엘리의 경우 지역 사회가 회복적 정의 절차에 참여하는 방법은 두 가지가 있었다. 첫째는 자원 퍼실리테이터로, 두 번째는 지역 사회 서비스 제공 업체와 협력하는 것이었다.

CJI에서는 범죄, 갈등, 학대 상황에서 치유 및 해결 기회를 만들어내기 위해 의미 있는 방식으로 지역 사회 구성원을 참여시킨다. 우리 활동을 지나치게 전문화하는 대신, CJI직원은 훈련받은 자원봉사자들이 활동을 잘 수행할 수 있도록 준비시키고 지원한다. 엘리의 경우에는 지역 사회 자원봉사자와 CJI 직원이 절차를 진행했다. 지역 사회 구성원은 평화만들기 서클 절차와 중재 훈련을 받았고, 고령화가 회복적 정의 서비스에 미치는 영향을 주지하도록 교육 받았다. 우리는 자원봉사자를 신중하게 선별하고 그들의 작업을 모니터링한다. 지역 사회를 포함하여, 자원봉사자들은 노인과 그 가족의 필요를 더 잘 이해할 수 있으며 고령친화적인 지역 사회를 만드는 과정에 한층 가까이 참여하게 된다.

우리는 또한 노인을 위한 일련의 서비스로 지역 사회 서비스 제공자와 긴밀히 협력한다. 엘리의 상황에서는 회복적 절차가 안전한 선택이라는 것을 확인할 수 있었다. 엘리의 안전에 대해 즉각적인 우려가 있었다면, 지역 노인 학대 대응팀에 상황을 회부했을 것이다. 또한 엘리를 지역 사회의 방문자 프로그램에 연결하여 엘리의 지원 네트워크를 늘리는 데 도움을 주었다. 다양한 상황에 가장 잘 대응할 수 있도록 노인을 위한 대응과 기회의 폭을 넓히는 것이 중요하다.

안전, 자율성, 존엄성

엘리의 이야기는 노인을 돌보는 사람들을 최대한 많이 포함시키는 것의 중요성을 보여준다. 회복적 정의의 실천으로 학대 상황을 많은 사람이 알고 있다는 사실이 확인되기 때문에, 학대 행위가 재발하지 않도록 상황을 모니터링하고 안전을 제공할 수 있다. 엘리의 자율성과 존엄성은 정보와 선택권을 제공하는 전반적 과정에서 고려된다.

노인 학대 및 회복적 정의

캐나다인 5명 중 1명은 어떤 형태로든 노인 학대를 겪고 있는 사람을 알고 있다고 추정된다. 보고서에 따르면 미국에서는 노인 10명 중 1명이 노인 학대의 피해자다. 그러한 상황에서 노인은 일반적으로 학대 가해자이자 그들이 의존하는 사람에 의해 고립되거나, 위협 받거나, 지배되거나, 통제된다. 학대는 심리적 협박, 굴욕, 괴롭

힘 등, 신체적 방치shoving, 과다 치료/ 과소 치료 등 또는 재정적재산 은닉, 서명 위조, 노인의 돈을 훔치거나 남용하는 것일 수 있다.[37] 다음에 나오는 〈힘과 통제의 순환고리〉는 학대가 가해지는 다양한 방법을 설명하는 데 도움이 된다.

힘과 통제의 순환고리: 노년기 학대

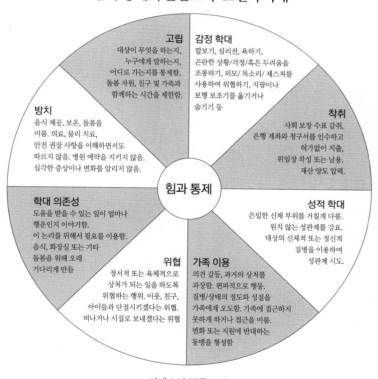

고립
대상이 무엇을 하는지,
누구에게 말하는지,
어디로 가는지를 통제함.
돌봄 자원, 친구 및 가족과
함께하는 시간을 제한함.

감정 학대
깔보기, 심리전, 욕하기,
곤란한 상황/걱정/혹은 두려움을
조롱하기, 외모/목소리/제스처를
사용하여 위협하기, 지팡이나
보행 보조기를 옮기거나
숨기기 등

방치
음식 제공, 보온, 돌봄을
미룸. 의료, 물리 치료,
안전 권장 사항을 이해하면서도
따르지 않음. 병원 예약을 지키지 않음.
심각한 증상이나 변화를 알리지 않음.

착취
사회 보장 수표 갈취,
은행 계좌와 청구서를 인수하고
허가없이 지출,
위임장 작성 또는 남용.
재산 양도 압력.

힘과 통제

학대 의존성
도움을 받을 수 있는 일이 얼마나
행운인지 이야기함.
이 논리를 위해서 필요를 이용함.
음식, 화장실 또는 기타
돌봄을 위해 오래
기다리게 만듦

성적 학대
은밀한 신체 부위를 거칠게 다룸.
원치 않는 성관계를 강요.
대상의 신체적 또는 정신적
질병을 이용하여
성관계 시도.

위협
정서적 또는 육체적으로
상처가 되는 일을 하도록
위협하는 행위. 이웃, 친구,
아이들과 단절시키겠다는 위협.
떠나거나 시설로 보내겠다는 위협

가족 이용
의견 갈등, 과거의 상처를
과장함. 편파적으로 행동.
질병/상태의 정도와 성질을
가족에게 오도함. 가족에게 접근하지
못하게 하거나 접근을 미룸.
변화 또는 지원에 반대하는
동맹을 형성함

미네소타 덜루스의
〈가정 폭력 개입 프로젝트 Domestic Abuse Intervention Project〉를 변형

대부분의 경우 학대를 가한 사람은 가족 구성원이거나 노인과 신뢰를 바탕으로 친밀한 관계를 맺고 있는 사람이다. 예를 들어, 캐나다 통계청 2013의 보고에 따르면 가정 폭력의 노인 피해자는 성인 자녀에게 피해를 입을 가능성이 가장 높다. 실제로 경찰에 신고된 가정 폭력 노인 피해자 10명 중 약 4명은 자신들의 자녀를 가해자로 지목했다. 그 다음으로 많이 노인 대상 가정 폭력의 가해자로 지목되는 가족 구성원은 배우자28%다.[38] 미국에서 노인 학대 및 방치 사례의 90%는 가족 구성원에 의한 것이며, 노인의 자녀와 배우자가 가장 높은 가해율을 보인다.[39]

일반적으로 노인 학대는 신고되지 않는다. 연구에 따르면 이는 노인이 학대자와의 관계를 깨뜨리는 것에 대한 두려움뿐만 아니라 학대에 따른 잠재적인 결과 때문이다.[40] 종종 노인들은 학대를 가한 사람을 기소해야만 한다는 생각 때문에 신고하지 않는다.

가족또는 노인과 가까운 사람이 저지른 노인 학대 사례의 상당수를 고려할 때, 참여자의 관계적 필요에 초점을 맞추면서 피해를 다루는 절차를 활용하는 것이 가장 중요하다. 회복적 정의 절차는 안전하고 적절한 곳에서 당사자를 모아 현재 상황 피해, 당사자 노인과 연결된 가족 및 친구에 미치는 영향, 해당 집단이 나아갈 방법을 논의하여, 노인에게 최선의 이익이 돌아가도록 노력한다.

회복적 정의의 두 가지 기본 정신은 참여자 **회복**과 **치유**다. 이

를 기초로 회복적 정의는 가족과 노인들이 학대 상황에 내재된 복
잡성과 고통스러운 현실의 일부를 드러내고 이해하는 데 진정한
도움이 되고 있다.

노인 학대 상황은 매우 복잡하다. 그러나 안전 문제를 신중하게
고려하면, 회복적 절차를 통해 노인을 치료하고 상황을 개선할 수
있다.

6장. 사례 연구 2
노년기 의사 결정

회복적 정의 대화 과정은 시한부 환자 간호, 위임장 및 유언장과 같은 노인과 관련된 복잡한 문제를 포함하여 가족이 어떤 문제를 놓고 계획하는 데 매우 효과적이다. 이 장에서는 가족이 미래를 위한 결정을 내리는 데 도움이 되는 두 가지 회복적 정의 실천 사례를 살펴본다. 사례를 제시한 다음, 해당 상황에서의 회복적 요소를 설명하고자 한다. 회복적 절차를 통해 가족들은 노인이 앞으로의 돌봄에 대해 내린 선택을 충분히 이행하기 위해 함께 일할 기회를 갖는다.

샤민더와 라일라의 이야기

샤민더와 라일라는 결혼한 지 41년이 되었고, 수영, 태극권, 빙고, 노인 복지 센터에 참여하고 다양한 정보를 얻는 수업을 듣는 등 활동적인 삶을 통해 건강하게 살고 있었다. 그들이 참석 했던 한 설명회에서는 노인의 권리, 그리고 유언장과 위임장의 중요성을 다루었다.

샤민더와 라일라는 미래를 더 잘 준비하기 위해, 성장한 자녀인 디완 및 챤딥과 이 주제에 대해 논의하기로 결정했다. 샤민더와 라일라는 자녀들이 어떤 식으로든 이 문제에 대해 논의하고 싶어하지 않는다는 사실을 알고 충격을 받았다. 디완은 그런 주제가 너무 불편하다고 말했고, 챤딥은 부모님이 죽을 가능성에 대해 이야기하는 것이 너무 어렵다고 거절했다.

자녀들의 반응으로 고민하던 샤민더는, 향후 돌봄은 무엇이어야 하는지, 어떻게 진행해야 할지 친척들에게 지원을 요청했다. 샤민더의 동생인 비제이는 CJI의 EMS를 알고 있었고, 다음 단계를 위한 도움을 받기 위해 CJI의 누군가와 이야기하라고 제안했다.

EMS 퍼실리테이터들은 갈등에 관련된 모든 사람을 만나 모든 참여자에게 회복적 정의 절차가 안전한지 확인하고 만남을 준비시켰다. 전체가 모이기 전에, 디완과 챤딥은 샤민더와 라일라가 이런 이야기를 할 동기가 되었던 동일한 노인 복지 센터 설명회에 참석하기로 했다. 이를 통해서 가족의 각 구성원은 유언장과 위임장에 대한 동일한 정보를 가지고 만남을 준비하게 된다.

설명회가 끝난 후, EMS 퍼실리테이터들은 모든 가족 구성원이 여전히 서로 만나는 데 동의하는지 확인하기 위해 마지막으로 모든 사람을 다시 만났다. 디완과 챤딥은 여전히 주제에 대해 감정적인 어려움을 겪고 있었지만, 가족은 만나기로 동의했다. 퍼실리테이터들은 미래에 대한 두려움과 희망을 나누는 대화 과정을 통해 가족을 도왔다. 눈물이 흘렀지만, 다음 단계에 대한 구체적인 계획이 나왔고, 가족은 다시 서로 연결되어 있다고 느꼈다.

아바시 이야기

말리카의 아버지인 아바시는 1년여 전에 조기 치매 진단을 받았다.

아바시는 스스로 살며 자기 자신을 돌볼 수 있다고 했지만, 더 이상 그렇게 할 수 없다는 것이 분명해졌다. 실제로 당뇨병 치료제인 인슐린을 제때 복용하지 않아서 입원했던 적도 있었다. 의사의 평가로 가족들이 진작에 의심했던 것들을 확인할 수 있었다. 아바시는 더 이상 자신의 치료에 필요한 사항을 관리하거나 스스로 중요한 결정을 내릴 수 없는 상태였다. 의사는 아바시를 필요한 지원을 받을 수 있는 장기 요양 시설로 옮기도록 조언했다.

말리카와 그의 오빠인 켄디는 아바시의 개인 관리 및 재산의 위임자였다. 켄디와 말리카에게는 거의 왕래하지 않는 두 명의 여동생 비사와 샨니가 있었다. 이 어려운 결정을 둘러싼 갈등으로 고민을 하던 중, 말리카는 가족을 모아 아버지의 필요 사항과 개인 간병, 거주지, 그리고 여러 재정 및 재산 문제를 처리할 방법을 논의하기 위해 EMS에 연락했다.

　EMS 퍼실리테이터는 형제 자매들 각각의 이야기와 관점을 듣고, 다양한 잠재적 해결책을 고려하기 위해 개별적인 만남을 갖고 나서, 아바시에게 연락했다. 아바시는 향후 치료에 관한 필요를 함께 논의할 수는 없었다. 그러나 절차 내내 아바시의 의견이 중요하게 고려되었다.

　EMS는 모든 형제 자매를 평화만들기 서클에 초대했다. 서클 지침에 대한 소개와 논의를 시작으로, 형제 자매는 아무런 방해 없이 서로의 이야기를 나누었다. 그리고나서 퍼실리테이터는 참여한 사람들에게 가족 구성원들이 해준 이야기에 대한 반응을 물었다. 감정이 고조되었고, 어떤 이는 화를 내기도 했다. 어떤 이야기들은 과거에 한 사람이 다른 형제보다 편애를 받고, 으스댄다고 느꼈던 때로 돌아가기도 했다. 퍼실리테이터들은 과거에 대한 복잡한 감정을 표현할 수 있게 하면서도, 아버지에게 가장 이익이 되는 일에 초점을 맞추면서 아버지의 돌봄에 대한 결정을 내리도록 대화를 이끌어갔다. 참여자들이 과거와 관련된 깊은 감정을 공유한 것을 무시했다고 느끼지 않도록, 퍼실리테이터들은 형제 자매가 이러한 문제를 해결할 수 있는 또 다른 기회를 만들었다. 말리카가 아바시의 치매 초기와 관련된 의사의 진단과 권장 사항을 공유했을 때, 동생들은 냉소와 불신을 표현했다. 말리카는 의사와 통화해보라고 제안했고, 형제들은 동의했다. 아바시의 의사는 진단 사항을 설명하고, 정확한 정보를 제공했으며, 형제 자매의 질문에 답했다. 현 상황과 그것이 아바시에게 의미하는 바를 완전히 이해 한 후, 형제 자매 간의 대화는 아버지의 엄청난 필요 사항을 해결하기 위한 결정으로 바뀌었다.

결정은 이해 합의서에 기록되었고, 이를 통해 모든 참여자가 아버지의 최선의 이익을 위한 결정을 함께 내릴 때 필요한 능력을 실질적으로 상기시킬 수 있었다.

퍼실리테이터들은 또한 형제들과 아버지를 서클에 초대했다. 아바시는 두 번째 서클에 동등한 참여자로 초대되어 가족들이 화합하는 모습을 목격하고, 과정에 참여한다는 느낌을 받을 수 있었다. 분노와 비난이 없는 훨씬 더 편안한 분위기에서 형제 자매들은 한 명씩 아버지에게 격려와 사랑의 말을 전할 기회를 가졌다.

회복적 대응

참여자의 필요를 해결할 기회를 제공하는 회복적 대응

위 사례에서는 참여자의 필요를 확인하고 해결할 안전한 공간을 만들 때의 회복적 정의의 중요성을 강조했다. 가족이 함께 사랑하는 사람의 앞날을 준비하는 어려운 일에 직면하는 것은, 관련된 모든 사람들에게 감정적이고 혼란스럽고 어려운 시간이 될 수 있다. 가족 역학이나 역사, 가족 내 기타 다양한 관계 요소는 회복적 정의 결과에 영향을 미친다.

연로한 부모의 미래에 관한 어려운 결정을 내리는 역할을 맡는 것은 슬픔을 비롯한 복잡한 감정으로 가득 찬 어려운 일이 될 경우가 많다. 실제로 의사 결정은 주요 가족 갈등과 관계 분열의 원인이 될 수 있다. 위의 각 이야기는 노인을 대신하여 결정을 내릴 때 가족이 경험하는 몇 가지 어려움을 설명한다. 샤민더와 라일라의 이야기는 노인의 관점에서 필요, 도전, 경험을 강조하는 반면, 말리카와 그 가족의 이야기는 더 이상 결정을 내릴 수 없는 노인을 위해 대신 결정을 해야하는 성인 자녀의 관점에서 필요와 경험을 보여준다.

임종 돌봄 설계에서 부모를 돕기 위해 접근한 디완과 챤딥의 경우, 그들의 불안과 불편함의 대부분이 취약성과 두려움에서 비롯된 것임을 분명히 볼 수 있다. 회복적 절차는 감정이 고조되고 불편한 시기에 가족 구성원들 간의 이해를 구축하기 위해 소통을 열 수 있는 효과적인 수단이었다. 이 과정을 통해 가족은 이러한 문제가 모두에게 얼마나 어려운지 서로 소통할 수 있었고, 참여자들은 어떤 지원이 필요한지 파악할 수 있었다. 이 기회는 권한 부여, 감정과 관점의 검증, 더 강력한 관계를 위한 기회로 이어졌다.

회복적인 공간에서 참여자들은 자신이 느끼는 감정에 대해 진

심으로 이야기할 수 있고, 다
른 사람들이 존중을 담아 자신
의 이야기를 듣고 대우할 것이
라는 믿음을 가질 수 있을 것이
다. 스토리 텔링과 관점 공유를

통해 가족은 경험하고 있는 것에 대해 목소리를 낼 수 있다. 그들이
공유하는 이야기와 감정은 당면한 문제와 관련이 있을 수 있고 부모
를 위해 큰 결정을 내리는 것 또는 과거의 사건 및 가족 경험과 관련이 있
을 수 있다. 모든 것을 열어 놓을 기회는 소통의 장벽을 무너뜨리는
데 도움이 되기 때문에, 참여자들은 앞으로 나아갈 수 있고, 동시에
자신의 가치, 필요 및 희망을 담아 노령의 부모를 위한 계획을 세울
수 있다.

상호책임을 위한 기회 제공

회복적 정의의 또 다른 핵심 원칙은 상호책임이다. 회복적 절차
에서 참여자들은 서로에 대해 책임을 진다. 위의 이야기에서 볼 수
있듯이 가족 구성원은 결과에 기여할 수 있는 아이디어와 해결책을
제공하도록 요청받았다. 형제 자매가 있는 자리에서 그들은 특정
한 일과 책임을 맡기로 동의하고, 이를 통해 모두 자신의 약속을 이
행할 책임이 생긴다.

존엄을 경험할 수 있는 기회 제공

아바시의 경우와 같이 능력상의 제한을 겪고 있는 일부 노인이나, 다른 사람과 같은 방식으로 참여할 수는 없는 특정 개인의 경우에도 불구하고, 모든 사람은 해결책을 통해 존엄성을 경험할 수 있다. 제한이 있는 노인은 가능한 모든 방식으로 자신의 감정을 표현하도록 권장된다. 따라서 사랑하는 사람이 모여 자신의 상황을 논의하고 자신의 필요를 탐구할 때, 노인의 이익이 최우선 된다. 이 실천은 능력이 제한된 사람들에게 소속감, 존중, 가치 및 존엄성을 제공한다.

절차에 노인 지역 사회 기관 및 전문가 참여시키기

대부분의 회복적 정의 실천의 경우 지역 사회 구성원을 참여시키는 것이 핵심 가치다. 예를 들어, 아바시의 이야기에서 의사는 서클 프로세스를 하며 가족들과 상담할 수 있었다. 회복적 정의 절차에서는 가족이 같은 정보를 동시에 듣고 전문가가 노인을 돌볼 수 있는 가족의 역량에 대한 더 많은 정보를 얻는 것이 중요하기 때문에 전문가들이 어떤 방식으로든 예 : 전화 또는 직접 평화만들기 서클에 참여하도록 권장한다.

이 장에서 각 사례들은 노년기 의사 결정이 가족과 노인들에게 어려운 일일 수 있음을 보여주었다. 회복적 정의 절차는 가족이 정보를 공유하고 모든 사람의 존엄성을 존중하는 포괄적이고 안전한 방식으로 결정을 내릴 기회를 제공할 수 있다.

7장. 사례 연구 3
간병인의 기력 소진burn out

　북미에는 비공식적 혹은 돈을 받지 않고 노인에게 돌봄을 제공
하는 사람들이 많다. 실제로 미국 간병 연맹National Alliance for Caregiv-
ing과 미국 은퇴자 협회는 미국에서 약 3,420만명의 사람들이 노인
을 비공식적으로 간병하는 것으로 추정한다.[41] 간병은 스트레스가
많고 힘든 직업이며 고도의 스트레스, 우울증, 피로감 및 건강 문제
로 이어질 수 있다. 스티븐 자릿Steven Zarit은 가족 간병인에 관한 연
구에서 "가족 간병인의 40~70%가 임상적으로 심각한 우울증 증상
을 보이며, 이들 간병인의 약 1/4에서 1/2이 중증 우울증 진단 기준
을 충족한다."[42]고 말했다. 회복적 정의 절차는 간병인으로서 필요
에 대해 안전하게 이야기할 수 있는 공간을 제공한다. 이 장에서는
안나, 레베카 및 그 가족의 이야기를 통해, 우리 서비스가 간병인
소진을 이야기하는 데 어떤 도움이 되었는지 설명하려 한다.

안나 이야기

행복한 결혼 생활을 보내고 있는 두 아이를 둔 32세 안나는 싱글맘으로 자신을 키운 엄마 레베카와 친밀하고 사랑스러운 관계였다. 62세 된 어머니가 조기 치매 진단을 받자, 어머니가 안나의 집으로 이사하는 것은 아주 자연스러운 일처럼 보였다.

안나의 삶은 정신 없는 정도는 아니었지만 꽤 바빴다. 그녀의 남편인 케빈은 영업직원이어서 출장이 잦았다. 8살, 12살 난 안나의 아이들은 다양한 교내외 활동에 적극적으로 참여했다. 어머니에 대한 책임과 어머니를 집에 모시려는 열의, 그리고 돌봄이라는 새로운 역할 때문에 집에서 더 많은 시간을 보내야했던 안나는 풀타임 일자리를 그만두고 파트타임 일을 시작했다.

새로운 도전과 일상에 모든 것을 조정해야 했던 것에 비해, 적어도 한동안은 모든 것이 합리적으로 잘 진행되었다. 그러나 레베카가 심하게 넘어지는 사고가 있었고, 그 때문에 레베카의 기동성과 독립성이 크게 떨어졌다. 이전에 없었던 신체적 한계 때문에 레베카는 점점 안나에게 의존하기 시작했다. 게다가 치매 관련 증상인 건망증이 악화와 혼돈이 동시에 발생했다. 가족들은 레베카가 우울하고, 좌절하고, 자주 변덕스러워진다는 것을 알아차렸다. 안나가 어머니를 돌보는 데 더 많은 시간을 할애하면서, 다른 가족에 대한 책임은 뒤로 밀려났고, 남편과 자녀와의 관계는 나빠졌다. 안나는 서서히 소진되었다.

안나의 집을 자주 방문하는 레베카의 여동생 켈리는 맞춰주기 힘든 레베카의 필요와 안나에게 요구되는 높은 수준의 돌봄 때문에 가족이 긴장되어 있고 스트레스도 존재한다는 것을 한 눈에 알아차렸다. 켈리는 레베카의 필요를 더 손쉽게 맞춰줄 수 있는 양로원으로 이사하는 가능성에 대해 레베카와 논의했다. 레베카는 동의했다. 그러나 안나는 결정에 크게 반대할 뿐더러 켈리에게 그가 간섭하는 것이라고 화를 냈다. 이런 어려운 상황 때문에 안나와 어머니의 관계는 크게 상처입었다.

레베카는 개인 관리와 재산 관리 위임자로 안나와 켈리를 지명했다는 사실을 상기하며, 자신이 스스로 결정을 내릴 수 없게 되었을 때 딸과 자매가 자신의 최선의 이익을 위해 함께 일할 수 없을 것이라고 걱정했다. 지역 사회 지원 기관의 사회복지사와 자신의 상황을 논의한 후 레베카는 CJI의 EMS 프로그램에 전화하기로 결정했다.

회복적 정의 절차에 참여하면서, 레베카는 여동생과 딸에게 자신의 우려를 공개적이고 안전하게 이야기할 수 있었다. 레베카는 안나에게 자신이 딸 가족에게 짐이되는 것이 싫다고 말했고, 딸과의 사랑스럽고 친밀한 관계를 잃게 되어 슬프고 외롭다고 표현했다. 이 과정에서 안나는 어머니를 대신하여 내려야하는 미래의 결정에 대한 걱정을 표현할 수 있었고, 이는 어머니에게 최선의 이익이 되어야 하며 갈등이나 더 많은 피해를 유발하지 않아야 한다고 말했다.

안나는 어머니와의 관계에 대해 슬픔을 표했다. 안나는 스스로 레베카를 돌볼 여력이 없다는 것에 죄책감과 실패감을 느꼈다고 이야기했다. 켈리에게 화냈던 것도 사과했다. 켈리의 행동이 안나와 레베카의 관계를 질투했기 때문이라고 예단했던 것도 인정했다.

한편 켈리는 레베카가 양로원으로 이사했으면 하는 마음은 안나와 그 가족에 대한 부담이 진심으로 걱정되었기 때문이라고 말했다.

각자의 고민에 대한 서로의 이해가 높아지면서, 치유가 시작되었다. 또한 레베카의 지속적인 돌봄과 관련된 문제가 해결되었다. 퍼실리테이터들은 참여자들이 논의한 내용과 그들이 내린 결정을 상기시키기 위해서 이해 합의서를 작성하도록 도왔다.

회복적 대응

건강이 약해지고 있는 연로한 부모를 단독으로 간병하는 것은 정서적으로나 육체적으로 매우 힘든일이다. 위의 이야기에서, 안나는 좋은 의도였지만, 자기 가족에 대한 책임을 관리하면서 동시에 연로한 어머니의 만만치 않은 돌봄 요구도 만족시키려했던 노력은 안나가 소진되게 만들었다. 게다가 레베카와 안나의 가족 모두에 대한 관계적인 의무를 적절히 충족시켜 주지도 못했다. 모든 당사자의 웰빙을 유지하고 노인에게 필요한 돌봄을 제공하기 위해 일부 외부 개입이 필요할 수 있다는 점에 주목해야 한다. 간병인 소진에 대한 대응으로서의 회복적 정의는 대화를 열고 사람들이 몇 가지 결정을 내릴 수 있도록 하는 효과적인 방법이 될 수 있다. 또한 안나와 같은 간병인이 건강한 방식으로 책임을 맡기 위해 노력할 때 자신의 필요, 우려 및 도전에 대해 공개적으로 이야기 할 수 있는 안전한 공간을 제공한다.

회복적 정의 과정에서 CJI는 노인과 간병인 역할을 하는 사람들을 지원하여 자신의 특정 상황이 자신의 삶에 미치는 영향을 표현하고, 그들이 경험하고 있는 감정을 알아차릴 수 있게 한다. CJI는 참여자에게 다음과 같은 질문을 한다.

- [간병인에게] 노인에게 간병인으로서의 역할은 무엇인가요?
- [노인에게] 간병인과의 관계를 설명하세요.
- 당신의 일상은 무엇인가요?
- 당신의 역할이나 일상 중 어려웠던 것은 무엇이고, 잘 작동

하고 있는 것은 무엇인가요?

- 어떤 스트레스를 경험하고 있으며, 그 스트레스가 당신의 삶과 관계에 어떤 영향을 주고 있나요?
- 가장 많은 스트레스가 있는 것과, 이 스트레스를 줄이기 위해 필요한 것은 무엇인가요?
- 당신은 어떤 관계를 맺고 있나요 가족, 신앙 공동체, 친구, 이웃, 사회복지사 등? 우리가 그들과 이야기할 수 있나요?
- 서로에게 전달하고 싶은 것은 무엇인가요?
- 더 나은 앞으로의 관계는 어떤 모습인가요?
- 관계 개선에 대해 서로에게 하고 싶은 말은 무엇인가요?

타인의 경험을 인정하는 것은 참여자가 어려운 시간을 보내면서도 자신의 감정이 인정받고 자신에게 권한있다고 느끼게 하고, 이해와 공감력을 높일 수 있는 공간을 만든다. 궁극적으로, 대화를 통해 간병인 소진을 다루면서, 참여자는 다른 사람의 경험을 듣고 간병인의 대처 방법에 대한 아이디어를 얻을 수 있다. 지속가능한 방식으로 협력하는 방법은 누구든지 찾아낼 수 있다.

회복적 절차에서 과정이 결과 만큼 의미있는 경우가 많다. 어려운 상황과 책임에 직면했을 때 사람들은 삶의 다른 중요한 사람들과 단절되거나 고립된 느낌을 받는다. EMS는 간병인이 의견을 내고 다른 사람이 들을 수 있게 한다. 간병인은 퍼실리테이터가 정중

- **그 과정은**
- **결과 만큼 의미있다.**

하고 안전하게 만남을 안내할 것이라고 믿는다.

노인의 입장에서 최선의 이익을 유지하고 보장하는 것은 CJI의 모든 절차에서 가장 중요한 일이다. 간병인이 일이 버거워서 최적의 돌봄을 제공할 수 없는 경우, 노인은 잠재적인 위험 상황에 점점 노출된다. 회복적 접근 방식에서, 특히 참여자는 노인과 함께 간병인의 웰빙을 보장하기 위한 책임을 공유하고 함께 해결책을 마련해야 한다.

이 장에서 우리는 간병인 기력 소진에 대한 회복적 정의의 대응에 대해 논의했다. 우리는 인생에서 많은 사람들이 노인을 돌보는 사람이 된다는 것을 알고 있다. 간병인이 그 역할에서 안나가 직면했던 어려움을 경험하는 것이 당연하다. 이 장에서 논의했듯이, 회복적 정의 절차는 모든 요구가 반영되고, 고려되고, 해결될 수 있는 공간을 제공한다.

8장. 사례 연구4
갈등이 있는 공동체

이 장에서는 갈등이 개인 사이를 넘어 많은 사람들이 연관되는 수준으로 진행되고 있는 갈등 공동체와의 작업에 대해 설명하고자 한다. 더 구체적으로 말하면, 갈등을 겪고 있는 은퇴자용 주택과 임대 보조금 주택을 포함하는 노년층 주택 공동체 거주지역에서의 CJI 활동을 살펴본다. 우리 경험상, 거주자가 집이 안전하지 않다고 느끼면 노인에게 스트레스가 되고 '유독한' 생활 환경을 만든다.

3장에서 설명했듯이 CJI는 집주인의 요청에 따라 거주자 간의 갈등을 중재함으로써 노인들과 협력하기 시작했다. 주목할 만한 지점은, 우리는 같은 건물에 자주 소환되어 이전 갈등과 다른 이웃 간의 갈등을 돕게 되었다. 이 경험을 통해 우리는 지속적인 변화를 이루기 위해서는 갈등의 근본 원인을 찾아야한다는 것을 깨달았다. 대인 관계 갈등은 실제로 주민들이 고립감을 느끼는 문화에서 나타나는 증상이었다. 우리는 모두가 소속감을 느끼고 중요하다고 느끼는 튼튼한 관계가 새로운 문화를 만들도록 도울 필요가 있었다. 이것은 회복적 정의 실천가로서, 우리가 중재보다 대인 갈등을 해결하는 데 더 적합한 도구를 갖출 필요가 있다는 의미이다. 결과적으로 우리는 한 건물에 거주하는 모든 사람약 30~100명을 위한 회복적 정의 프로그램을 만들고 제공하기 시작했다.

다음은 노인 공동체와 협력할 때 취해야 할 조치다.

1. 주택 제공자로부터 갈등 해결 요청을 받으면 퍼실리테이터는 조직 직원과 만나 **문제**를 **이해**하고 가능하다면 이미 시도된 개입이 무엇인지 알아본다.
2. 퍼실리테이터는 주택 제공 업체의 대표자와 함께 주택을 방문하여 노인 중재 서비스EMS를 세입자에게 소개한다. 그런 다음 EMS는 세입자에게 연락하여 **개별 만남** 일정을 잡는다.
3. 세입자를 **처음 방문**할 때는 그들의 관점에서 문제를 이해하면서 그들을 알아볼 수 있는 기회다. 개별적인 시간을 통해 우려 사항을 공유하고, 필요를 표현하고, 관련 문제에 대한 가능한 해결책을 제안하도록 허락하는 것이 중요하다.
4. 그런 다음 EMS 퍼실리테이터는 **해결책과 전략을 평가**하

고 탐색할 수 있다. 전략에는 중재, 개인 갈등 코칭, 대화 및/ 또는 치유 서클, 공동체 서클, 회복적 정의 서클, 관계 구축 행사, 기술 구축 및 지원 그룹, 정보 공유 행사가 포함될 수 있다. 세입자에게 추가 지원을 할 수 있는 다른 기관도 소개할 수 있다.

5. 마지막으로 EMS는 다른 주택 제공 업체, 경찰 및 다양한 지역 사회 지원 기관과 협력하여 '**지역 사회 생활 협력위원회**'를 **구성한다.** 위원회는 분기별로 만나 지원 방법을 모색하고, 지식을 교환하고, 지역 사회가 차이에 관계 없이 안전하고, 참여적이고, 가치 있고, 포용적일 수 있도록 권한을 부여한다.

시어도어의 이야기

시어도어는 아내의 죽음으로 급격한 삶의 변화를 겪었다. 슬픔에 휩싸여 일상의 변화에 대처하기가 어려웠다. 그가 지난 8년 동안 살았던 노인 거주지의 세입자가 도움을 주고자 했지만, 시어도어는 도움을 거부했다. 그는 독립적으로 있고 싶었다.

아내가 죽은 지 몇 달 후, 주택 관리인들에게 다른 세입자들이 불만을 표하기 시작했다. 어떤 사람들은 이른 아침에 누가 계속 문을 두드렸다고 불평했다. 다른 사람들은 누가 아침 신문을 가져간다고 말했고, 또 다른 사람들은 세탁기에 오물이 있었다고 했고, 로

비 카펫에 누가 커피를 쏟았다고 말했다. 관리인들은 세입자를 만나려고 했지만, 분노와 엄청난 불만 때문에 의미있는 대화를 할 수 없었다. 주민들은 말이 아닌 행동을 원했다. 불쾌한 행동의 원인을 파악하기 위해 공무원은 건물을 감시하는 카메라를 설치했다. 범인은 시어도어였다. 그러나 관리인들과 마주했을 때 시어도어는 더 화를 냈고, 더 비정상적으로 행동했다. 이제 시어도어의 행동을 알고 있는 이웃들은 그를 놓로 험담하거나 경멸어린 말을 했고, 시어도어는 저주와 위협으로 받아쳤다.

상황을 해결해야만 했던 관리인은 절박한 심정으로 EMS에 연락했다. EMS는 시어도어가 사는 건물에서 주민들과 매주 사교 활동을 하고, 게임이나 활동을 하도록 도운 적이 있었다.

관리인과의 만남을 통해 문제에 대해 알아보고 이미 시도된 개입이 무엇인지 확인한 후, EMS직원은 시어도어에게 연락했다. 시어도어가 혼자 사는 데 어려움을 겪고 있다는 것을 바로 알아챌 수 있었다. 시어도어의 아파트는 더러웠고, 시어도어는 산만했으며, 말을 하다가 멈추거나 일관되지 않은 방식으로 말했다.

EMS직원은 시어도어를 지원할 방법을 결정하기 위해 지역 및 관련 공동체 서비스 기관(예: 정신 건강 및 노인 돌봄과 관련된 기관)의 대표를 포함해서 만남을 마련하기로 결정했다. 그들은 지원팀을 구성했고 시어도어의 상황에 즉각적인 주의가 필요하다는 데 동의했다.

EMS 직원은 또한 공동체 평화만들기 서클 프로세스로 세입자들을 만나 시어도어의 행동의 영향을 나눌 수 있는 기회를 만들었다. 구성된 지원팀에게 상황을 해결하기 위해 취해야 할 조치를 듣고 세입자들은 용기를 내어 진행에 동의했고, 지원팀이 고려해야할 요청 목록을 제공하기로 동의했다.

EMS는 세입자와 정기적으로 만나 지속적으로 지원하고, 그들의 이야기를 듣고, 문제를 해결하고, 갈등 해결 기술을 강화하고, 공동체 의식을 재건하기 위한 다양한 활동을 제공했다. 동시에 지원팀은 시어도어를 만나 가장 필요한 도움을 주었다.

몇 주 후, 시어도어를 거주자 공동체에 재통합시키기 위해 EMS는 치유 서클을 마련하여 이웃 사람들과 만나게 했다. 시어도어는 그의 행동에 대해 사과했고, 세입자는 그의 상황을 이해하지 못했다는 것을 인정하며 보답했다.

치유 서클이 끝난 후 이웃이 도움을 줄 때마다 시어도어는 기꺼이 받아 들였다.

회복적 대응

안전하게 필요를 표현할 기회를 제공하기

갈등은 개인이 자신을 표현하거나 필요를 충족시키기 위해 취하는 행동이 다른 사람의 필요를 방해하거나 이용하려고 할 때 발생할 수 있다. 다양한 인식, 필요 및 아이디어가 함께 모이는 공동체를 생각하면 갈등이 어떻게 발생하는지 쉽게 알 수 있다. 회복적 절차는 사람들이 자신의 필요를 표현하고 충족시킬 수 있는 방법을 찾는 데 유용하다.

시어도어의 이야기에는 다양한 필요를 다루는 데 사용되는 몇 가지 절차가 나타난다. 첫째, 공동체 주민들은 험담하거나 괴담을 퍼뜨리는 대신 자신의 두려움을 나눌 수 있는 생산적인 방법이 필요했다. 무슨 일이 있었는지 이야기하기 위해 그들은 공동체 평화 만들기 서클을 사용했다.자세한 설명은 2장 참조 둘째, 시어도어는 도움이 필요하다는 것을 인정할 안전한 방법이 필요했다. 시어도어는 공동체 제공자community providers와의 서클을 경험했다. 마지막으로, 모든 사람들이 필요와 의무에 대해 논의하기 위해 치유 서클이 마련되었다.

안전하고 생산적인 대화를 위한 기회 제공하기

공동체 갈등 상황에서 사람들이 갈등 상태에 있는 시간이 길수록, 공동체 구성원이 서로를 바라 보는 방식에 부정적인 '변화'가 있을 가능성이 높아지기 때문에 결과적으로 공동체의 '건강'에 영향을 미친다. 시어도어의 사례에서 볼 수 있듯이 그의 거친 행동과 그에 따른 험담 때문에 시어도어가 '이웃'에서 '문제를 일으키는 사람'으로 바뀌는 인식의 변화가 일어났다. 이러한 변화 속에서 공동체 구성원들은 우려의 목소리를 냈고, 비슷한 생각을 가진 사람들을 찾고, 서로의 관점과 필요를 공유하기 시작했다. 이웃들은 시어도어를 위해 혹은 그에 반대하여 뭉쳤다. 사람들 사이의 간격이 더 심해졌다. 유독한 환경이 발생했고, 사람들은 스트레스와 두려움을 느꼈다.

노년 공동체가 특히 갈등을 일으키기 쉬운 이유는 구성원들 전체가 모여 자신의 관점을 말할 수 있는 기회가 많지 않기 때문이다. 대신 사람들이 가십과 비난을 통해 정보 격차를 채우는 경향이 있어서 갈등이 심화된다.

많은 사람들이 밀집된 주거 지역에 사는 고령 인구의 경우, 갈등 가능성이 높다. 변화는 일상적으로 발생한다. 회복적 정의 실천에서 공동체는 이러한 변화의 영향에 대해 논의할 수 있다. 개인은 문제, 관심사 및 필요를 말하고 자신의 이야기를 들려 주도록 권장된다. 결과적으로 회복적 절차는 모든 목소리가 들리도록 보장한다. 이를 통해 험담, 잘못된 정보, 비난 및 반대 집단 형성의 위험이 크게 감소한다.

책임과 신뢰 구축에 대한 대화

갈등은 종종 공동체 구성원들 사이에 만연한 불신이나 불안감을 유발하거나 북돋는다. 회복적 서클의 가장 중요한 측면 중 하나는 공동체 구성원이 표현한 공통적인 관심사와 필요를 드러내는 것이다.

공통 관심사와 필요는 다음과 같다.

- 자신의 집에서 안전하다고 느끼는 것.
- 누구든지 환영할 수 있는 환경에 사는 것.
- 서로 돕는 이웃이 있는 것.
- 서로 친절과 존경심을 가지고 이야기하는 것.
- 서로의 차이점을 이해하는 것.

회복적 정의에서 참여자들은 자신의 이야기를 한다. 공통의 필요를 확인하여 관계를 구축하고 강화한다.

또한 평화만들기 서클은 공동체 내에서 상호책임, 이해 및 신뢰 문제를 다룬다.

평화만들기 서클은 실제로 무슨 일이 일어 났는지, 누구에게 책임이 있고, 그들의 관점이 무엇인지, 그리고 그러한 파괴적인 사건이 다시 발생하지 않으려면 무엇을 할 것인지 이해하는 데 도움이 된다. 이러한 대화를 통해 공동체 구성원은 자신이 어떤 영향을 받았는지 설명하고 공동체의 신뢰할 만한 구성원임을 보여줄 수 있다.

시어도어의 사례에서 설명한 것처럼, 노인 공동체에서 피해가 발생했을 때, 치유 서클의 의도 중 하나는 노인이 해결책을 찾을 수 있도록 돕는 것이다. 회복적 서클은 공동체가 그룹의 필요, 욕구, 희망을 반영하는 합의안을 만드는 동시에 모든 구성원 간의 신뢰, 관계 및 소속감을 회복하는 플랫폼 역할을 할 수 있다. 이러한 과정에서 종종 발생하는 연결의식은 개인이 공동체의 각 구성원을 존중하고 자신의 웰빙을 돌보는 데 도움이된다.

공동체 참여시키기

시어도어의 이야기에서 EMS 퍼실리테이터는 회복적 절차에 더 많은 사람들을 참여시켰다. 우려를 표하던 공동체 구성원들은 시어도어의 직접적인 영향을 받지 않았더라도 지원 그룹에 초대되었다. 공동체 기관도 회복적 절차의 일부로서 시어도어와 연결되도록 초대되었다. 결과는 더 큰 비전을 향한 작은 발걸음이었다. 실제로 세입자들은 서로에게 책임을 지는 **회복적 공동체**를 구축하는 과정을 시작했다.

이 장에서 우리는 사람들이 가까이에 살 때 갈등이 모든 사람에게 영향을 미친다는 점을 논의했다. 회복적 정의 절차는 갈등으로 인해 발생하는 필요와 의무를 해결하는 공동체의 역량을 강화할

수 있다. 결과적으로 참여자들은 모두가 소속감을 느끼는 더 강력
한 공동체를 만들 수 있다.

9장. 결론

유엔 노년과 건강에 대한 국제보고서는 모든 국가가 건강한 노화를 위한 새로운 글로벌 행동을 구축해야 한다고 제안했다. 과제는 '노화에 대한 오래된 사고 방식을 초월하고, 노화와 건강을 이해하는 방식에 큰 변화를 일으키며, 전환적 접근 방식 개발에 영감을 불어 넣는 것'이다.[43] 우리는 노인 학대와 갈등에 대한 회복적 정의 접근 방식이 전환적이라고 믿는다.

회복적 정의 절차에는 노인과 그 가족, 이웃, 간병인이 노인 문제에 대해 이야기하고 노인 학대와 같은 어려운 갈등 상황을 헤쳐 나가도록 도울 방법에 대한 여러 전환적 핵심 요소가 포함된다. 이 책 전체에서 논의하고 사례에서 설명했듯이 회복적 정의 절차는 참여자가 어려운 상황을 직면하는 데 도움이 될 수 있다. 우리가 설명한 절차는 참여자의 관계에 영향을 미치며, 각 개인의 역할과 서로에 대한 책임을 변화시키는 동시에, 상황에 대한 관점을 전환시킨다. 회복적 정의는 노인 및 가족에 대한 공동체의 참여를 증가시

켜서 갈등 중인 많은 사람들, 특히 노인들이 느끼는 고립감을 방지하는 데 도움이 된다.

회복적 정의 절차는 처벌하고자 하지 않는다. 보복적인 처벌 형태는 소속감을 감소시키고 상호책임과 전환을 방해하는 경향이 있다. 대신 회복적 정의는 사람들이 함께 모여 발생한 피해를 확인하고 피해를 드러내며, 그를 복구하기 위해 의미있는 조치를 취할 수 있는 기회가 된다. 회복적 정의는 사람들이 고립된 상태에서 자신의 필요를 해결하려고 애쓰게 놔두지 않는다. 그 대신 사람들을 공동체 서비스와 연결시키고, 평화만들기 서클로 사람들을 한 데 모아 그들이 어떻게 영향을 받고 있으며 그들의 필요가 어떻게 해결될 수 있는지 이야기한다. 모든 사례에서 공동체 참여는 절차의 부산물이 아니라 목적이며 의미였다. 이는 회복적 정의 절차를 촉진하는 자원봉사 공동체 구성원을 통해 혹은 사람들을 의도적으로 공동체 서비스에 연결하여 달성되었다. 사실, 우리는 CJI의 노인 중재 서비스의 성공이 노인 갈등 및 학대를 다루는 전체론적 접근 방식에 뿌리를 두고 있다고 믿는다. 이는 전문가, 가족, 친구 등 가능한 한 많은 사람들을 노인과 의도적으로 연결하는 것이다.

회복적 정의의 목표와 이정표는 회복적 정의가 작동할 수 있는 조건을 만드는 변화된 공동체의 더 큰 비전에 부합한다. 즉, 우리 모두가 '고령 친화적'이고 회복적 대응을 **우선** 모색하는 미래 비전이다.

미래를 보는 것

우리는 노인들이 나이가 들어감에 따라 더 번창하도록 돕기 위해 잘 준비된 공동체를 키울 방법을 계속 찾고 있다. 이러한 방법 중 하나는 고령친화적인 도시와 공동체를 만드는 이니셔티브를 지원하는 것이다. 3장에서 논의 우리가 살며 일하고 있는 캐나다 온타리오주의 워털루, 키치너, 케임브리지의 도시는 모두 고령친화적인 도시가 되어가는 단계에 있다. 구체적으로, 이는 공공 장소의 좌석 수를 늘리고, 특정 교차로에서 초록불 신호 길이를 늘리고, 시 기관들이 대중 교통 경로에 있는지 확인하는 등 '고령친화적'이지 않은 지역을 해결하기 시작했다는 것을 뜻한다. [44, 45, 46] 우리는 이러한 정책이 갈등이나 학대에 중요하지 않다고 생각할 수 있지만, 노인의 필요를 고려하는 정책의 부재는 평등한 지역 사회 구성원으로서 노인의 필요를 해결하지 않는 문화를 만들고, 학대와 갈등을 증가시키는 조건을 만든다. 고령친화적인 지역 사회는 회복을 위한 공동체이기도 하다.

CJI에서 우리의 목표 중 하나는 '회복적 공동체'를 만드는 것이다. 비슷한 일을 하려고 스스로 도전하고 있는 여러 공동체가 있다. 가장 눈에 띄는 곳은 처음으로 '회복적 도시'라는 아이디어를 시범적으로 사용한 영국의 헐Hull시다.[47] '회복적 도시'를 만든다는 것은 전체 지역 사회에 영향을 미치는 학교, 아동 복지 제도, 형사 사법 제도, 기업 등 광범위한 도시 시스템에 회복적 정의 실천과 절차가 도입된다는 의미다. CJI의 목표는 갈등, 범죄, 학대에 대한 우선적인 대응으로 회복적 대응을 사용하도록 지역 사회에 영감을 주는 것이다. 이를 위해 우리는 또한 우리가 살고 있는 시스템이 징벌적이 아닌 회복적이 되도록 영향을 줄 필요가 있다.

여기에는 시 정부, 경찰서, 학교, 양로원 및 기업과 협력하여 회복적 정의에 대해 논의하고, 회복적 정의에 대한 교육 및 학습 기회를 대중에게 제공하고, 사람들이 일상 생활에서 회복적 정의를 활용하도록 지원하는 것이 포함된다. 더 중요한 것은 이것이 회복적 세계관의 채택을 의미하기 때문이다. 사람들이 갈등과 피해에 대응하는 '자연스러운' 방법을 징벌이 아닌 회복으로 이해하도록 영향을 줄 수 있다면, 그것은 우리를 근본적으로 다른 행동과 결과, 즉 전환적인 결과라는 완전히 다른 길로 이끈다!

정리하자면 CJI와 노인 중재 서비스는 노인 갈등 및 학대의 개별 사례에서 회복적 정의 절차를 사용하도록 옹호하고 있다. 그러나 우리 같은 서비스는 지역 사회가 고령친화적이고 회복적인 관점에서 움직일 준비가 되어 있을 때 가장 잘 작동한다. 이 책을 통해 여러분이 회복적 정의를 인구 고령화에 따라 발생하는 기회에 대응할 하나의 도구로 볼 수 있길 바란다.

우리에게 영감이 되는 사람들을 언급하며 이 책을 마치고 싶다. 시어도어, 안나, 엘리, 그리고 그들의 삶에서 갈등과 학대에 용감하게 맞섰던 많은 사람들의 이름으로 책을 마무리하고 싶다. 여러분에게서 많은 것을 배웠다. 또한 지역 사회에서 양질의 서비스를 제공하는데 시간을 쏟는 우리 동료들_{자원봉사자와 학생들}에게도 감사드린다.

후주

1. Groh, Arlene. *A Healing Approach to Elder Abuse and Mistreatment*: *The Restorative justice Approaches to Elder Abuse Project* (Kitchener, ON: Community Care Access Centre of Waterloo, 2003).

2. *Ibid.*, page 4

3. Hadley, Michael L. (Ed). *The Spiritual Roots of Restorative justice* {Albany, NY: State University of New York Press, 20011.

4. Zehr, Howard. *The Little Books of Restorative Justice*: *Revised and Updated* (New York: Good Books, 2014).『회복적 정의 실현을 위한 사법의 이념과 실천』(대장간 역간).

5. *Ibid*, page 53

6. *Ibid*, page 19

7. Pranis, Kay. *The Little Book of Circle Processes*: *A New/Old Approach to Peacemaking* (Intercourse, PA: Good Books, 2005),『서클 프로세스』(대장간 역간).

8. Braithwaite, John. "Setting Standards for Restorative Justice." *British journal of Criminology* 42, no. 3 (2002j: 563-577.

9. Oudshoorn, Judah, Michelle Jackett, and Lorraine Stutzrnan Arnstutz. *The Little Boolz of Restorative justice for Sexual Abuse* (New York: Good Books, 2015).『성학대와 회복적 정의』(대장간 역간).

10. Mayer, Bernard. *The Dynamics of Conflict*: *A Guide to Engagement and Intervention*, 2nd ed. (San Francisco: Jossey-Bass, 2012), 68.

11. *Ibid.*

12. Shelly Schanzenbacker, interview, March 1, 2016.

13. Statistics Canada. "National Seniors Day⋯by the numbers," last modified November O9, 2016. Available at http://www.statcan.gc.calengl dailsmrO8l2014lsmr08_l91_2014

14. World Health Organization. *Global Age-Friendly Cities*: *A Guide*

(Geneva, Switzerland: World Health Organization, 2007).

15. *Ibid.*

16. Arlene Groh, interview, February 18, 2016.

17. World Health Organization. *World Report on Ageing and Health* (Geneva, Switzerland: World Health Organization, 2015), 11. Available at http:lfwww.who.intfageinglpublicationslworld−report−2015lenl

18. United Nations. "United Nations Principles for Older Persons" (December 1991). Available at http:llwww.ohchr.orglENlProfessionallnterestl PageslOlderPersons.aspx

19. Quoted by Ken Dychtwald in "Liberating Aging: An Interview with Maggie Kuhn." (February 1979).

20. WHO. *World Report on Ageing and Health* (Z015), 25.

21. WHO. *World Report on Ageing and Health* (2015), 26.

22. Hepple, R. T. "Impact of Aging on Mitochondrial Function in Cardiac and Skeletal Muscle." *Free Radical Biology and Medicine 98*, September (Z016): 177−186.

23. National Institute on Aging. "Biology of Aging Research Today for a Healthier Tomorrow." (Bethesda, MD: National Institute on Aging, 2011). Available at https://www.nia. nih. gov/health/publication/aging −under−microscope/what−aging (accessed November 28, 2016)

24. Silk, Susan and American Psychology Association. "Aging and Depression." Available at http://www.apa.org/helpcenter/aging−depression.aspx (accessed November 28, 2016)

25. National Institute on Aging. "Biology of Aging: Research Today for a Healthier Tomorrow."

26. Silk, Susan and American Psychology Association. "Aging and Depression."

27. Hayes, Catherine. "How Sociological Perspectives on Ageing Can Aid Reflection by HCAs." *British journal of Healthcare Assistants 8*, no. 5 (Z014): 238−244.

28. National Institute on Aging. "Biology of Aging Research Today for a

Healthier Tomorrow."

29. Silk, Susan and American Psychology Association. "Aging and Depression."

30. Schaie, K. Warner, and Neil Charness. *Impact of Technology on Successful Aging* (New York : Springer Publishing Company, 2003).

31. WHO. *World Report on Ageing and Health* (2015), 52.

32. The Old Women's Project. "Real Life Examples of Ageist Comments : What They Do to Us, How We Can Respond to Them." Available at http://www.oldwomensproject.org/real_life.htm (accessed April 28, 2017).

33. *Ibid.*

34. Alzheimer' s Association. "Dementia Care Practice Recommendations for Professionals Working in a Home Setting." (Chicago, IL : Alzheimer' s Association, 2009). Available at : https://www.alz.org/ national/docuinents/phase_4_home_care_recs.pdf

35. World Health Organization. "Elder Abuse." Available at : http://www. who.int/ageing/projects_elder_abuse/en/ (accessed April 28, 2017).

36. Pranis, K. *The Little Boolz of Circle Processes : A New/Old Approach to Peacemaking.* 『서클 프로세스』(대장간 역간).

37. National Council on Aging. "Elder Abuse Facts." Available at :https:// www.ncoa.org/public-policy-action/elder-justicelelder-abuse-facts/ (accessed April 28, 2017).

38. Canadian Centre for Justice Statistics. *Family Violence in Canada."* *A Statistical Profile, 2013* (Ottawa, ON : Statistics Canada, 2015), 5. Available at : http://www.statcan.gc.ca/pub/8 5-002-X/2014001/ arti-clel/4114-eng.pdf

39. National Council on Aging. "Elder Abuse Facts."

40. Canadian Centre for Justice Statistics. *Family Violence in Canada : A Statistical Profile.*

41. AARP and National Alliance for Caregiving. *Caregiving in the U.S. : 2015 Report* (AARP, June 2015.)

42. Zarit, Steven H. "Assessment of Family Caregivers: A Research Perspective." In *Caregiver Assessment: Voices and Views from the Field. Report from a National Consensus Development Conference*, Vol. II (Z006): 12–37. San Francisco: Family Caregiver Alliance, 2006.

43. WHO. *World Report on Ageing and Health* (Z015).

44. City of Waterloo. "Age–Friendly City." (Waterloo, ON: City of Waterloo, 2015). Available at: http://www.waterloo.ca/en/living/age-friendlycity.asp (accessed April 28, 2017).

45. Cambridge Council on Aging. "Age Friendly." (Cambridge, ON: Cambridge Council on Aging, 2013.) Available at http://www.cambridgecoa.org/age–friendly! (accessed May 12, 2017.)

46. City of Kitchener. "Age–Friendly Community." (Kitchener, ON: City of Kitchener, 2017.) Available at http://www.kitchener.ca/en/livinginkitchener/Age–Friendly–Community.asp (accessed May 12, 2017.)

47. Wachtel, Joshua. "World's First 'Restorative City': Hull, UK, Improves Outcomes of All Interventions with Young People, Saves Resources." *International Institute for Restorative Practices*, Ianuary, 19, 2012. Available at http://restorativeworks.net/2012/O1/restorative-city–hulI–uk–takes–restorative–practic–es–to–the–private–sector!

추천 도서

Alzheimer's Association. *Dementia Care Practice Recommendations for Professionals Worhing in a Home Setting* (Chicago, IL: Alzheirner' s Association, 2009). Available at https:h'www.alz.org/national/documents/phase_4_horne_care_recs.pdf

Groh, Arlene. *A Healing Approach to Elder Abuse and Mistreatment: The Restorative justice Approaches to Elder Abuse Project* (Kitchener, ON: Community Care Access Centre of Waterloo, 2003).

Hadley, Michael L. (Ed.). *The Spiritual Roots of Restorative justice* (Albany, NY: State University of New York Press, 2001).

The Old Women's Project. Available at www.oldwomensproject.org

Oudshoorn, Iudah, Michelle Jackett, and Lorraine Stutzman Amstutz. *The Little Book of Restorative Justice for Sexual Abuse: Hope through Trauma* (New York: Good Books, 2015.) 『성학대와 회복적 정의』(대장간 역간).

Pranis, Kay. *The Little Book of Circle Processes: A Newl Old Approach to Peacemahing* (Intercourse, PA: Good Books, 2005.) 『서클 프로세스』(대장간 역간).

Senior Daybreak of Hilltop. *Dementia Training Manual: A Caregiving Tool for Families and Professionals* (Grand Junction, CO: Senior Daybreak of Hilltop, 2015.) Available at http://seniordaybreak.org/wp-content/uploads/sites/103/2016/12/Dementia-Training-Manualpdf

Strang, Heather and John Braithwaite (Eds. 1. *Restorative justice and Civil Society* (Cambridge, United Kingdom: Cambridge University Press, 2001).

World Health Organization. *World Report on Ageing and Health* (Geneva, Switzerland: World Health Organization, 2015). Available at http://

www.who. int/ageing/publications/world−report−2015/en/

Zehr, Howard. *Changing Lenses* (Kitchener, ON : Herald Press, 1990.), 『우리 시대의 회복적 정의』(대장간 역간).

Zehr, Howard. T*he Little Bools of Restorative justice : Revised and Updated* (New York : Good Books, 2014.), 『회복적 정의 실현을 위한 사법의 이념과 실천』(대장간 역간).